Los sobrinos del rey

Silvia Taulés

Papel certificado por el Forest Stewardship Council®

Primera edición: febrero de 2024

Printed in Spain — Impreso en España

ISBN: 978-84-666-7755-4
Depósito legal: B-20.269-2023

Compuesto en Twist Editors
Impreso en Rodesa
Villatuerta (Navarra)

BS 7 7 5 5 4

In memoriam *a Enric Taulés Guinovart (1941-2023), el meu pare. A mi marido, Sergio Heredia*

Índice

Introducción

—Si agitas una botella de champán, de ese bueno del que todo el mundo espera lo mejor, y la abres, ¿no estalla el gas y sale disparado el líquido? Pues eso es lo que les pasó a los niños Marichalar. Pasaron toda su infancia y adolescencia encerrados, vigilados, bajo el foco. Y cuando se abrió la botella, explotaron.

—¿Y los Urdangarin?

—Ahí no había gas. Estaba todo controlado.

Los seis sobrinos de Felipe VI se han convertido con los años en personajes deseados por la prensa. Famosos desde la cuna, es ahora, ya adultos, cuando se han visto expuestos a la realidad en toda su crudeza. Ya no cuentan con la protección de su abuelo, el rey Juan Carlos I, quien fue garante de su seguridad y su bienestar durante su infancia y adolescencia. Sus madres, las infantas Elena y Cristina, quienes también los protegían, han visto cómo sus matrimonios, por una cosa o por otra, más tarde que temprano, se rompían, lo que los ha dejado todavía más expuestos.

La educación de unos y otros ha sido muy distinta, tanto por su lugar de residencia como por sus circunstancias personales. Los hijos de la infanta Elena y Jaime de Marichalar vivieron muy de pequeños el divorcio de sus padres, una separación que no fue de ningún modo de buen rollo y que afectó al día a día de los pequeños. Eso sí, siempre han vivido en Madrid, en territorio considerado «amigo». Y han compaginado su residencia capitalina con estancias en el extranjero para alejarlos del foco y tratar de mejorar sus expedientes académicos, siempre malos.

Y si a los Marichalar les tocó lidiar con el divorcio de sus padres, a los Urdangarin les tocó la peor parte: el proceso judicial por el caso Nóos por el que la infanta Cristina e Iñaki Urdangarin tuvieron que darle la vuelta a su vida como un calcetín. Con los niños por en medio, siempre con los niños por en medio. Cuando el proceso terminó y parecía que todo podía volver a su normalidad, los padres sufrían una inmensa crisis que terminó en un sonado divorcio que llenó decenas de portadas. Lo sigue haciendo.

Los seis tienen tratamiento de «excelentísimo señor» y la dignidad de «grande de España». Y en estas circunstancias especiales, los sobrinos del rey tienen una obsesión: ser normales. Algo que por mucho que lo intenten, no lo consiguen. Ni lo conseguirán. No se trata de ser como los demás, se trata solo de poder parecerse al resto. Poder ir en metro, ir de compras, poder ir a una discoteca o salir a cenar sin que nadie te mire diferente. Es poder incluso pelearte con tu madre en plena calle sin que nadie hable de lo sucedido al día siguiente en todos los medios de comunicación. Eso no va a pasar, lo saben, no ha pasado jamás en la vida.

Hablamos de seis nombres que dan mucho juego a los medios y que entretienen a la sociedad con sus vidas. Y hablamos también de seis personas que nacieron con una responsabilidad y unos privilegios que no se han traducido después en una vida más fácil. Para ellos es un peso muerto que arrastran y arrastrarán durante toda su existencia.

Felipe Juan Froilán de Todos los Santos, Victoria Federica, Juan Valentín, Pablo, Miguel e Irene, los sobrinos del rey, viven vidas tan alejadas de lo normal que a veces exageran sus ansias de libertad con gestos que delatan esa impaciencia.

Era una tarde de invierno y Pipe, como llaman desde hace años todos sus amigos y familia a Felipe Froilán de Marichalar de Borbón, tenía ganas de salir. Había quedado con sus amigos en Madrid para ir a un bar céntrico y después a una discoteca. Estaba en plena adolescencia, llevaba dos escoltas consigo y un coche oficial, claro, un coche al que solo él podía subir. El hijo de la infanta Elena podía hacer planes con sus amigos, pero siempre con unas reglas determinadas: sus escoltas no debían perderlo de vista y nadie más podía subir en el coche oficial. Así que sus amigos iban en taxi o en metro y él iba solo en su coche.

Aquel día dijo que no, que se había acabado. Seguramente se lo dijo a sí mismo un segundo antes de explotar. Lo comprobó el resto: salió del grupo en el que estaba, charlando muy animado, y se dirigió al coche donde lo esperaban sus dos escoltas, todo preparado para llevarlo a donde dijera, daba igual. Pipe miró a su alrededor, desafiante, miró a sus amigos y a sus escoltas fijamente, y soltó una carcajada gigantesca, una risotada que resonó en todo el lugar. Tiró su móvil a la papelera y salió corriendo. Se metió dentro de la estación de metro y desapareció.

Era una escena de rebeldía que se podría haber vivido en cualquier casa: escaparse, salir del radar de los padres con quince años es un acto que podríamos definir como típico de adolescente. Una escena que en la casa de Felipe y Victoria, es decir, en casa de la infanta Elena, hermana del rey Felipe VI, se convirtió en un gran problema. Aquel niño no podía ir suelto, solo, libre, por la ciudad en la que vivía. Esa es la palabra clave: «libre». Ninguno de los hijos de Jaime de Marichalar y la infanta Elena o de Iñaki Urdangarin y la infanta Cristina han sido o serán jamás libres.

Más que primos

La infancia de Felipe Juan Froilán y Victoria Federica no transcurrió entre algodones. Cierto es que se criaron en una casa vinculada a la familia real, con muchos privilegios y pocas dudas sobre su futuro. Aunque eso era de puertas para fuera. Dentro, en el hogar, las discusiones entre sus padres, la infanta Elena y Jaime de Marichalar, fueron siempre continuas y muy cansinas. Los niños sufrieron, como suele suceder en las parejas mal avenidas con hijos en común, los portazos caseros. Fue una infancia que muchos de quienes los conocen califican de solitaria: sus padres, más empeñados en llevarse la contraria y en tratar de escapar de la jaula en la que se había convertido su matrimonio, se olvidaban de los niños muchas veces. Además, se criaron, claro, con *nannies*, mujeres que los cuidaban a todas horas y que les daban el cariño que muchas veces no lograban robar a sus padres.

La infanta Elena y Jaime de Marichalar anunciaron aquel «cese temporal de la convivencia» el 13 de noviembre de 1997. Sus hijos tenían ocho y seis años respectivamente y mucha mili a sus espaldas. Los pequeños abandonaron con su madre el domicilio conyugal para trasladarse a una casita en la colonia Fuente del Berro, donde la vida casera duró poco. La infanta se había mudado de recién casada al barrio de Salamanca por insistencia de su marido, para quien las calles nobles de la capital eran como una necesidad vital. Pronto surgieron los desencuentros. A él le gustaba la vida social, los desfiles, la noche, salir con amigos y parar poco en casa. A doña Elena siempre le ha gustado el deporte, ha sido su centro vital, en especial la hípica y la caza, todo lo que, en definitiva, tuviera que ver con el campo y la naturaleza. Criada en el palacio de la Zarzuela, rodeada de verde, ese cemento, por muy bello que fuera, se le caía encima. Además, tener que hacer más vida social de la estrictamente necesaria y ampliar su círculo le suponía un gran esfuerzo, no en vano ella se crio en un besamanos. Pero no tuvo más remedio que hacer de tripas corazón y cedió ante un marido con quien terminó sin dirigirse la palabra. Aún hoy en día siguen igual. Si se cruzan, no se saludan. Y cuando hay diferencias irresolubles, quien termina por pagar el pato son los niños. Fueron los niños. Felipe y Victoria fueron de aquí para allá desde que nacieron y al separarse sus padres, esa vida poco estable se desestabilizó del todo.

Se fueron a la casita de la colonia, decíamos, hasta que doña Elena decidió trasladarse a vivir a un gran piso en un bonito y apartado barrio, el del Niño Jesús. Allí, en casi 500 metros cuadrados de vivienda crecieron al fin los pequeños Marichalar, rodeados de zonas verdes, altos árboles y con el parque del Retiro a un tiro de piedra. Su madre es una mujer de carácter muy fuerte, con un pronto muy conocido entre los suyos y con convicciones muy firmes. Religiosa, estricta, deportista y seria, no encajó nada bien que sus hijos no fueran buenos estudiantes. Y cuando Felipe y Victoria empezaron a salir, algo que hicieron casi a la vez por su cercanía en edad, se le rompieron los esquemas. La hermana mayor de Felipe VI quiso controlar siempre a sus pequeños, consciente de lo que sucede en la vida de los jóvenes cuando salen con amigos. Consciente, decimos, porque ella fue lo que se diría coloquialmente «muy salidora», es decir, le gustaba la música, bailar, estar con amigos y no controlar el reloj a la hora de volver a casa.

Son gustos que sus hijos han heredado y que han puesto en práctica a pesar de su madre y muchas veces con la complicidad de su padre, mucho más laxo a la hora de imponer las normas. Porque si la infanta Elena daba una orden, en ocasiones esa orden no se cumplía en casa de papá, lo que sacaba de sus casillas a mamá. Si era algo que la expareja hacía para chincharse mutuamente no lo podemos afirmar, pero sí que se hacían la vida imposible el uno al otro. Y en esos desacuerdos profundos, eran los chicos quienes estaban en medio tantas y tantas veces. Aprendieron, eso sí, a sacarle partido a la cosa. Echarle la culpa al otro progenitor, hacer trampas y pellas a partir de la confusión doméstica, usar al servicio como cómplice de tantas y tantas aventuras. Empezaron de bien pequeños, juntos y unidos, y así han seguido toda su vida.

Recién separados sus padres, tanto Felipe como Victoria aprendieron enseguida que si no espabilaban no iban a conseguir lo que querían. Nunca fueron, como hemos dicho, niños criados entre algodones, ni rodeados de cariño y ternura. Eran los veranos, en Palma de Mallorca con la abuela, la reina Sofía, la época más familiar de los pequeños. Allí se reunían con sus primos, los hijos de la infanta Cristina e Iñaki Urdangarin. La entonces reina Sofía organizaba una suerte de campamentos de verano para sus nietos en el Club Náutico de Palma, donde aprendieron vela. A primera hora de la mañana se lanzaban los seis a la mar, hasta que por la tarde la abuela los recogía y se iban todos a casa a disfrutar de los juegos, los baños en las piscinas, las meriendas y la familia. Los típicos veranos como los de antes, en los que los nietos pasaban temporadas con los abuelos mientras los padres trabajaban, semanas en las que se forjaban alianzas inquebrantables y perdurables en el tiempo.

Así es como los Marichalar y los Urdangarin se unieron en una piña que nadie ha roto jamás y que dudamos que alguien logre hacerlo. En ese grupito siempre destacó Felipe por su carácter desinhibido, sus gamberradas y sus risas. Era el mayor y el líder. Le seguía Juan, un bonachón con espíritu rebelde que imitaba lo que hacía su primo para diversión de los pequeños, Pablo y Miguel, dos niños traviesos que aprendieron mucho de su primo y su hermano mayor. Victoria de pequeña era más retraída, algo tímida y lejana. Quedó afectada por la separación de sus padres y la distancia que se creó entre ellos. Sus primos fueron un gran refugio y con ellos pasaba temporadas, ya fuera en verano en Marivent, o en invierno en la Zarzuela, o festivos en Barcelona, donde la infanta Cristina tenía una mansión en la que Victoria pasó muchas noches jugando con su prima pequeña, Irene, a la que adora.

Son primos, sí, pero son sobre todo amigos. Lo saben bien quienes los conocen y han compartido momentos con ellos, ya sea en la infancia, en la adolescencia o ahora en su juventud. Están siempre conectados y siguen siendo un apoyo los unos para los otros. El penúltimo verano del que se tiene noticia de que pudieron disfrutar de su compañía fue en el escenario que los vio crecer: Marivent. Era en julio de 2022, justo cuando los padres Urdangarin se habían separado, un golpe para sus hijos que sus primos conocían muy bien por haberlo vivido en sus propias carnes. Pero en su caso era distinto: habían sido siempre la pareja ejemplar de la familia, el amor irrompible, más fuerte que una roca. Allí estaban los Marichalar de apoyo en un verano muy complicado para sus primos. Con ellos habían estado cuando el caso Nóos arrasó con todo y con ellos volvieron a estar cuando la infidelidad de Urdangarin padre quedó plasmada en una revista. Aquel verano de 2022, el último que han pasado juntos a lo loco, se ha grabado a fuego en todos ellos. Estuvieron en Marivent con la abuela, la reina Sofía, quien les dio todos los cariños y caprichos que la vida adulta les había arrebatado. Salieron en barco, de cena, de juerga… y casi nadie lo supo hasta que se publicaron algunas informaciones. Pocas.

El último verano del que tenemos constancia al escribir estas líneas es el de 2023. Y pese a que los planes eran pasar el verano juntos, las tensiones familiares lo impidieron de nuevo. La reina Sofía habló con sus tres hijos meses antes del verano para pedirles que hicieran un esfuerzo y trataran de coincidir en verano, aunque solo fuera por unos días, en Marivent. Y todos le dijeron que sí. Tanto es así que las infantas comunicaron a sus equipos que desde finales de julio hasta la primera semana de agosto estarían en Palma. Hubo quien tuvo que cambiar la fecha de sus vacaciones para poder atender las necesidades de las «jefas». Iban a ir doña Elena y doña Cristina y también sus seis hijos. Y como ninguno de los Urdangarin ni de los Marichalar cuenta ya con escolta, es decir, no tienen un coche a su disposición, contrataron un vehículo de alquiler. La reina madre, emocionada con la visita, lo comunicó a sus equipos, que contrataron este año un servicio de limpieza más amplio que el de otros veranos. Las casas, todas —en el palacio de Marivent cada familia tiene su propia vivienda—, tenían que quedar impolutas.

¿Qué sucedió al final? «A última hora —así nos informan— las infantas cancelaron sus planes». No iba a haber visita a Marivent por el momento. Solo los reyes Felipe y Letizia, y sus hijas la princesa Leonor y la infanta Sofía, iban a visitar a la abuela. Algunos conocedores de los entresijos de la familia comentan que, si se hubieran encontrado todos, la reunión se habría convertido en la noticia del verano. Y la noticia del verano, en cuanto a la Casa Real se refiere, tenía que ser que la heredera al trono empezaba su formación militar. Sea como sea, la tensión se impuso de nuevo en las relaciones familiares y eso se le notaba a la reina Sofía. En la recepción que los reyes ofrecen en los jardines de Marivent, donde todos, incluida doña Sofía, departen con los invitados, esta se mostró más decaída que nunca. No lo dijo, cómo iba a hacerlo, pero quienes la ven cada año, lo aseguran. Como Paloma Barrientos, una asidua a Palma cada verano desde hace años, una experta periodista que cada año charla con doña Sofía y que la ha visto muy baja de moral. «Este verano, la reina Sofía estaba muy triste», sentencia.

No lo han vuelto a pasar juntos porque ya nada ha sido lo mismo. Tenían que estar, además de sus madres, las infantas Elena y Cristina, sus tíos, los reyes Felipe y Letizia. Pero con los reyes llegan las obligaciones, estas de verdad, y la seriedad, también de verdad. Porque hay mucho en juego: la continuación de la Corona, el trono para Leonor, la prima princesa. Y aunque todos se quieren mucho, de eso podemos dar testimonio por sus declaraciones directas, no se parece en nada a cuando los Marichalar y los Urdangarin están solos. Porque esa complicidad tejida a lo largo de los años, las dificultades y las decepciones, los ha convertido en más que familia.

Felipe Juan Froilán de Todos Los Santos de Marichalar

Nacimiento

«El pobrecito es igual que su madre». Con esta frase se presentaba al mundo a Felipe Juan Froilán de Todos los Santos de Marichalar de Borbón. El primer nieto de los entonces reyes Juan Carlos y Sofía. El primer sobrino del ahora rey Felipe. El primer hijo de los duques de Lugo, la infanta Elena y su marido, Jaime de Marichalar. Las palabras las pronunció el padre de la criatura, confundido por la emoción de ser padre por primera vez.

El nacimiento del primer bebé real de la democracia fue un acontecimiento histórico. Habían tenido que pasar ochenta y seis años para que una infanta diera a luz en España. En 1912, la infanta María Teresa, hija del rey Alfonso XII y María Cristina de Habsburgo, habían tenido a su hija, Pilar, en Madrid.

El ginecólogo de la infanta, Esteban Carracedo, había programado el parto en la clínica Ruber Internacional, donde nacerían después todos los primos —a excepción de los catalanes, esto es, los Urdangarin—, de aquel bebé que se parecía a su madre. Doña Elena tenía entonces treinta y cinco años. Salía de cuentas el día 15 de julio de 1998 y el médico decidió inducir el parto dos días después. Para el nacimiento, la hija de los reyes ocupó una de las dieciocho suites de la exclusiva clínica, famosa en el papel cuché por ser la «sede» de los partos de los más guapos y famosos.

El doctor Carracedo optó por realizarle una cesárea a doña Elena, y todo salió bien. Los duques de Lugo vivían en aquellos tiempos en la calle Ortega y Gasset, y de allí fueron trasladados en ambulancia a la clínica a las diez de la mañana. El proceso terminó de madrugada. Felipe Froilán nació a las 2.38 horas. El 17 de julio de 1998, pues, venía al mundo el que iba a ser durante bastante tiempo el tercero en la línea de sucesión a la Corona, desplazando con su vida a su madre y a su tía, la infanta Cristina.

Grande de España desde aquel momento, como todos sus primos al nacer, el bebé recibía varios nombres como homenaje a distintos factores de su incipiente vida. Y era inscrito en el Registro Civil de la Familia Real y no en el Registro General de Nacimientos.

Ese acto, su primer acto oficial, llegó cargadito de polémica. Según escribieron en su día varios expertos en casas reales, sus cuatro nombres —Felipe Juan Froilán de

Todos los Santos— vulneraron la legalidad, algo que se atribuyó en su momento a un despiste de la Casa Real. Cinco días después de su nacimiento, el bebé Marichalar fue inscrito en el citado registro específico para todos los miembros de la Casa Real. En él se inscriben los nacimientos, las bodas y las defunciones, lo que supone inscribir todos los hechos que deberían aparecer en el Registro Civil pero que por prudencia y discreción prefieren hacer en uno propio: cosas de reyes.

Los nombres de la discordia fueron los criticados, no por su esencia, sino por el número. Al bebé Marichalar se lo llamó Felipe por su tío, el entonces príncipe de Asturias; Juan, como su bisabuelo; y Froilán, por ser el santo patrón de Lugo, la titularidad de cuyo ducado recaía sobre sus padres. Lo de Todos los Santos venía por tradición de sus ancestros.

La ministra de Justicia del momento actuó como notaria mayor del reino y el director general de registros hizo las veces de secretario de la ceremonia. Una ceremonia que vulneró, o al menos logró sortear, la legalidad vigente en España. El Registro Civil de la familia real entró en vigor para inscribir los nacimientos, matrimonios, defunciones —y después, y a su pesar, los divorcios— de los familiares de Juan Carlos I.

Se reguló por ley, en el Real Decreto 2917/1981, de 27 de noviembre. En él se señala que los asientos se iban a efectuar «remitiéndose a la legislación general sobre el registro civil». Y en ese citado registro, por el que se rigen todos los demás españoles, se detalla que no se podrá imponer al recién nacido «más de dos nombres simples, que se unirán por un guion, o de uno compuesto».

La primera infracción legal que protagonizaba la inocente víctima queda negro sobre blanco en el libro de Juan Balansó *Los diamantes de la Corona* (Plaza & Janés, 1999). Este periodista y escritor fue uno de los mayores expertos en casas reales de Europa. Fallecido en 2003, dedicó el citado libro a los tres hombres más jóvenes de la familia real capitaneada en aquellos días por los reyes Juan Carlos y Sofía. Y en él recuerda:

> Esta primera infracción se podría haber resuelto inscribiendo al niño únicamente con sus dos primeros nombres, Felipe Juan y añadiendo en el sacramento del bautismo los otros dos, puesto que, en cambio, la legislación canónica no establece limitación alguna en cuanto al número de nombres que se pueden imponer a un recién nacido. Pero la iletrada complaciente condición de los funcionarios fastidió el invento.

Sobre el mismo asunto corrieron ríos de tinta. Seguramente ninguno de los que empuñaron su pluma en aquel momento imaginaron jamás que el pequeño Felipe se convertiría con los años en un azote para su familia. Fernando García-Mercadal, general auditor del cuerpo jurídico militar, ya retirado, escribió en su momento sobre este tema.

Siempre hemos defendido que los miembros de la Familia Real no son como los demás, y que, por tanto, resulta lógico que algunos de los aspectos de su estatus jurídico se regulen por los usos privativos de la dinastía como el de obsequiar con varios nombres al neófito y no por la legislación civil común. Ahora bien, una vez que la obsesión positivista los ha encadenado a las mismas servidumbres que padecemos el resto de los ciudadanos, lo que no cabe soltar de tapadillo, como se ha hecho en esta ocasión, el cumplimiento de la normativa legal aplicable.

Quién les habría dicho a aquellos expertos, algo ofendidos por el error que se cometió al inscribir a Felipe de Marichalar, que su vida seguiría apuntalada en torno a los escándalos, sumados paso a paso con los años. Como si aquel primer error fuera un signo de la condena que arrastraría el pequeño, quien, además, iba a ser conocido como Froilán por el resto de sus días.

La patada, aquel lastre

Uno de los capítulos que marcó la imagen pública de Felipe (trataremos de llamarle por su verdadero nombre: así es como debería haber sido siempre, sin chascarrillos) fue la boda de su tío, el príncipe de Asturias y futuro rey de España. Habían ensayado durante semanas, supervisados por la reina Sofía, encargada de muchas de las decisiones de la boda de su único hijo, Felipe. El nieto mayor ya había demostrado ser indomable en los preparativos. Su abuela era consciente, como el resto de la familia, de que aquel pequeño era movido y algo rebelde. «Como otros niños», se decían en casa.

Como los niños que acompañaron a los sobrinos de los príncipes de Asturias, hicieron de pajes, llevaron flores, entregaron los anillos y las arras… Todos ellos se convirtieron en los protagonistas de las escenas que la prensa consideró por aquel entonces las más divertidas. Los niños habían escalado cornisas, habían trepado vallas y hasta habían tratado de arrancar la gran lona de plástico que tapaba la alfombra roja por la que caminarían días después las personalidades más potentes del planeta.

El día de la boda de Felipe de Borbón y Grecia y Letizia Ortiz Rocasolano llovió ferozmente y los niños tuvieron que esperar encerrados a que empezara la ceremonia. Nada de corretear por el patio o por las zonas al aire libre. Todos se pusieron nerviosos, como le sucedería a cualquier chaval enclaustrado durante horas, y eso tuvo consecuencias después. No hay que olvidar que los grandes representantes de las casas reales europeas, importantes dirigentes políticos mundiales y miembros destacados de la sociedad civil iban a desfilar por aquel escenario ante la mirada de decenas de miles de personas.

De todos, el hijo de la infanta Elena fue el más activo en eso de saltarse el protocolo. Tenía cinco años.

Cuentan las crónicas de la época que los sobrinos de los novios y las dos damas de honor en la boda de doña Letizia y don Felipe se pudieron quedar los trajes que llevaron aquel día y que muchos los guardan como un tesoro. No sabemos si Felipe Froilán de Marichalar guarda todavía aquel traje con el que se hizo famoso ante los ojos de todo el país.

El diseñador Lorenzo Caprile se encargó de llevar a cabo la difícil tarea de vestir al cortejo infantil; se ofreció de forma voluntaria al saber que Manuel Pertegaz, maestro de maestros, era el encargado del vestido de la novia y quizá no podía diseñar también la indumentaria del cortejo de pajes.

Aquel día, todos los focos estaban puestos, claro, sobre la novia, la periodista Letizia Ortiz, quien iba a convertirse un día en reina. Nadie podía imaginarse que todos esos focos se girarían de pronto hacia uno de los niños que había acompañado a la novia hasta el altar. Cómo no, era el pequeño Felipe Juan Froilán de Todos los Santos, bautizado por la prensa como Froilán, llamado Pipe en casa cariñosamente.

Inquieto, movido, travieso… el hijo de la infanta Elena y Jaime de Marichalar se convirtió en el protagonista inesperado de la boda real al dedicarse a corretear por los pasillos, incluso darle una patada a una de sus compañeras de cortejo.

Es tan fácil saber si aquel momento fue determinante en su vida que solo hay que poner en Google «Froilán» y «patada» para ver el resultado: millares de artículos, más de veintidós mil, referidos a Froilán y su famoso gesto. Un gesto que ha quedado grabado en el imaginario popular y que, a su pesar, marcó su destino.

Volvamos un momento a los trajes, porque esa fue la primera imagen que muchos guardan del joven que aquí nos ocupa. Fueron todos realizados con telas españolas y diseñados, lo hemos dicho, por Lorenzo Caprile, quien se había encargado del traje de novia de la infanta Cristina. Caprile siguió instrucciones del equipo investigador del Museo del Traje y de la responsable de la Real Sastrería del palacio de la Zarzuela, Milagros Moreno, ahora ya jubilada. Este madrileño de origen italiano visitó el Museo del Prado durante aquellos meses de preparativos para inspirarse, tal como él mismo ha contado en varias ocasiones. Fueron dos cuadros de Goya los que le sirvieron de inspiración: el retrato de la familia del duque de Osuna y el del infante Carlos María Isidro.

El modisto contó además con la colaboración de Amalia Descalzo, doctora en Historia del Arte y especialista en historia de la moda, amiga del diseñador. Quién le iba decir a Caprile que su diseño iba a adquirir tal protagonismo en esa boda gracias al hijo de la infanta Elena. Y que pasaría la historia. La lluvia también fue un robaplanos aquel día, lo que fomentó que se caldeara el ambiente dentro de la catedral de la Almudena, donde esperaban con impaciencia los más pequeños. Las telas de los trajes, de Rafael Català y de Riba Iberia, iban adornadas de encajes de Eusebio Sánchez.

La niña que estaba junto a Froilán y que recibió la famosa patada es su prima Victoria López-Quesada y Borbón-Dos Sicilias. En aquella época tenía siete años; ahora ya tiene veintiséis. Siguen siendo amigos. Cabe recordar que eran veinticinco los millones de telespectadores que pudieron ver la boda real en directo, y que el paje con trajecito amarillo se convirtió en el gran protagonista y, de rebote, la pequeña Victoria. Es hija de Pedro López-Quesada, perteneciente a una familia de banqueros y uno de los miembros del círculo íntimo del rey Felipe VI, como lo son Álvaro y Ricky Fuster o los hijos de Simeón de Bulgaria.

López-Quesada se casó con Cristina de Borbón-Dos Sicilias en 1994 y juntos se han convertido en una de las grandes parejas del entorno de los reyes. También son íntimos de las infantas Elena y Cristina, por lo que era muy lógico que Felipe y Victoria estuvieran juntos en la boda de sus tíos. López-Quesada era uno de los asiduos a Baqueira cuando don Felipe iba siendo príncipe, y también lo ha sido después, cuando ha vuelto siendo ya rey.

Con sus pantalones blancos y chaqueta de color amarillo dorado, sentado junto a otros de sus primos, como Juan Valentín Urdangarin, Froilán no pudo estarse ni quieto ni sentado durante mucho rato, así que decidió separarse del grupo, levantarse y empezar a jugar en el altar mientras duraba la espera que se hizo más larga de lo pensado por la lluvia que caía torrencialmente en Madrid esa jornada. Las cámaras enfocaban a los niños, divertidos, en directo para todo el país, cuando aquel niño de cinco años le dio una patada a su prima. En ese momento, todos supimos que aquel pequeño nos iba a dar grandes titulares, como ha sido y sigue siendo.

Y a su pesar porque, como cualquier niño, en una boda se aburría soberanamente. Muchas de las experiencias públicas de Pipe llevan a la misma conclusión a sus amigos y conocidos. No ha hecho más que cosas que hacen los chavales de su edad. ¿Qué niño no ha montado algún pollo en la boda de su tío? Los hay que van correteando por los pasillos, otros que se pasean con las gafas de sol de algún familiar, otros que gritan y lloran… Él se puso a jugar, ajeno a quién era y dónde estaba, y terminó con la famosa patada. Una patada que pese a ser inofensiva ha definido su infancia y su posterior adolescencia, una patada que volvió de nuevo a quitarle la libertad con la que siempre ha soñado.

Sus estudios superiores, el gran reto

En junio de 2019, Victoria Federica de Marichalar celebraba su 18.º cumpleaños con nueve meses de retraso y con una tradicional puesta de largo en la finca El Chaparral, en El Plantío. No muy lejos de allí, Felipe Froilán vivía otro momento especial, lo que le llevó a llegar tarde a la fiesta de su hermana y a convertirse, de nuevo, en protagonista «en negativo» de la celebración. Froilán se graduaba en el Club de Campo de Madrid. Aquel día iba acompañado por su novia de entonces, Mar Torres; de sus padres, Jaime de Marichalar y la infanta Elena, quienes guardaron en todo momento las distancias porque siguen sin hablarse hoy en día; y de su abuela materna, la reina Sofía. Pipe estudiaba en The College for International Studies (CIS), una escuela de negocios privada, y la graduación tuvo lugar porque Felipe había terminado los dos primeros cursos de su grado. Pese a que hay quienes afirman que nunca se graduó, podemos asegurar que sí, que terminó sus estudios universitarios.

Como el resto de los alumnos, Felipe Froilán vistió de toga en su fiesta de graduación y como tocado, un birrete. De esta guisa recogió su diploma, ante la orgullosa mirada de sus parientes, todos ellos vestidos de forma elegante, ya que se iban después directamente y a toda prisa hasta a El Chaparral, para asistir a la fiesta de Victoria.

Fue en septiembre de 2017 cuando el joven había empezado su carrera universitaria en el CIS The College for International Studies, un exclusivo centro en la madrileña calle Velázquez que tiene un coste de 20.306 euros por curso. Según se podía leer en la web de centro, el ideario se basa en principios humanistas y un sistema «mucho más accesible para el alumno». Para matricularse no es necesario haber superado la selectividad, por lo que en la documentación que se solicita a los alumnos para su admisión no figura ese requerimiento. Los requisitos para acceder son fotocopias de las notas de tercero y cuarto de la ESO, certificados originales de las calificaciones de primero y segundo de Bachillerato, una carta de recomendación, fotocopia del DNI y fotografía tamaño carnet. La cuota de solicitud son 90 euros y, como hemos dicho, una vez admitido, el curso anual no baja de los 20.000 euros.

El currículum escolar de Pipe

Antes de llegar a ese centro de estudios superiores, el periplo escolar del primer sobrino de Felipe VI fue largo y complejo. Felipe ha ido de colegio en colegio desde pequeño. Mal estudiante, poco centrado y siempre más pendiente de los amigos y la diversión, el currículum escolar del joven se convirtió pronto en objeto de chanza tanto de los medios como de la sociedad española. Pocos recordaban que con nueve años vio cómo sus padres se divorciaban en un proceso duro que dejó su cuidado y atenciones en manos de los abuelos, los cuidadores e incluso un coronel del Ejército del Aire retirado, Nicolás Murga, un gran señor, afable y entregado a la Casa, que ha acompañado a los sobrinos del rey en algunos de los momentos más complicados de sus vidas. Y lo ha hecho por petición y encargo del abuelo, nada más y nada menos que el rey Juan Carlos I. Los padres de Felipe Froilán, por desgracia, estaban demasiado ocupados en llevarse la contraria. Nadie puede decir que la infanta Elena o Jaime de Marichalar no quieran a sus hijos o que no se han encargado de ellos. Pero en su caso, como en tantos en nuestros días, un divorcio mal llevado les restó energía y, sobre todo, tiempo, un tiempo que sus hijos no han podido recuperar nunca.

Para evitar que la prensa, y de rebote la sociedad, siguiera metiéndose con él, sus padres siempre han intentado apartarlo de los focos. A él y a su hermana, Victoria, otra víctima colateral de la situación familiar y mediática. En 2017, por ejemplo, sus padres intentaron que el joven estudiara fuera de España, objetivo que no lograron.

Porque Felipe Froilán tenía novia, la controvertida Mar Torres, ahora *influencer*, y quería estar cerca de ella y de sus amigos, que siempre han sido la cuerda que le ata al mundo. Así que nadie logró convencerle y después de estudiar el bachillerato en Estados Unidos, el joven se quedó en España y empezó sus estudios en el citado CIS. En aquel momento Froilán (nombre con el que le bautizó su abuelo Juan Carlos y no la prensa, ojo) tenía ya diecinueve años y un carácter muy parecido al de su abuelo y su madre: temperamental, apasionado y muy «tal cual», algo que nunca ha jugado en su favor. Si para don Juan Carlos ese campechanismo fue una baza, para Froilán ha sido todo lo contrario. Tampoco ha ayudado a su madre: la infanta Elena suelta lo que piensa muchas veces, aunque haya cámaras delante, y eso ha hecho que se la tache de maleducada e impertinente. Malhablada y enfurruñada con la prensa, es dura con sus hijos, porque es como les muestra su amor. Felipe en su adolescencia se ganó la misma fama y ahí sigue, con el sambenito colgado.

La periodista Paloma Barrientos, una de las grandes expertas en la familia de la infanta Elena, publicaba un artículo en *Vanitatis* en el que daba cuenta de las opiniones de quienes conocen a Felipe. «Se le pasa enseguida, pero de primeras la suelta y depende de con quién se encuentre la lía. Aunque se trata de un chico con muy buen fondo». Para muestra, un botón. Principios de 2014, Froilán copaba portadas de los medios por ser el nieto díscolo del todavía rey Juan Carlos. Cabe recordar que ese mismo año, en abril, el abuelo abdicaba en favor de su tío, lo que cambiaría profundamente la relación de los jóvenes con la Casa Real.

Ese año, Felipe estudiaba en el colegio Santa María del Pilar, a pocos pasos de la casa de su madre, en el barrio del Niño Jesús. Allí acudía también casi a diario para hacer deporte, pero su actitud no acababa de satisfacer a los monitores del centro. «Trata de escabullirse de sus escoltas siempre que puede, ocasiona desperfectos en las instalaciones y hace lo que quiere». Las declaraciones aparecían en prensa y acrecentaban, de nuevo, su fama de gamberro. Incluso se publicó que cuando era reprendido por algún monitor, les contestaba desafiante un típico «tú no sabes quién soy yo».

Antes de estudiar en esta escuela dirigida por los marianistas, Felipe había pasado por muchos otros centros. En 2011 retomaba sus estudios en España después de pasar un año matriculado en un internado de Sussex, al sur de Inglaterra, donde después estudió su hermana Victoria

Federica. Antes había asistido al colegio San Patricio, en la calle Serrano, pero tras su paso por el Reino Unido, sus padres, para simplificar las cosas, prefirieron matricularlo en un centro cercano a casa, un colegio en el que iba a ser tratado como uno más. Privado concertado y con un precio de unos 300 euros mensuales, Felipe no acabó de encajar tampoco en él.

El joven terminó el curso en un grupo de diversificación curricular, junto a otros alumnos con problemas de aprendizaje, para poder mejorar su rendimiento a partir de un programa específico, con las asignaturas adaptadas. Se graduó así de la ESO, pese a las dificultades, y entonces sus padres lo mandaron a Estados Unidos, donde el esfuerzo fue descomunal.

Estados Unidos, un antes y un después

La vida estudiantil de Felipe, lo hemos dicho, ha sido un largo periplo por diferentes colegios, ninguno de los cuales satisfizo a su familia. El último, sobre todo el último, un internado de Sigüenza, fue, según cuentan sus allegados, un terrible error. «Allí campaban todos a sus anchas y estaba lo peor de cada casa», recuerdan. En él el joven Felipe se perdió. Allí conoció también a su primera novia, Mar, la nieta del fundador de El Pozo, la gran fábrica de embutidos, una joven que se convirtió en una pesadilla para sus padres. «Era otra chica como él, de familia desestructurada, con quien Felipe encajó a la perfección, pero esa unión se convirtió en un problema para todos, porque eran dos personas tóxicas que se retroalimentaban y que pensaron que el mundo estaba en su contra».

Eso, claro, es otro episodio, el de la vida de las mujeres de Felipe. En este hablamos de su currículum escolar, un currículum que terminó, contra todo pronóstico, con buenas noticias. Gracias al empeño de sus abuelos, sus padres y a la dedicación de un personaje clave en la historia de los sobrinos del rey: el coronel Nicolás Murga. Murga ha sido siempre la mano derecha de Juan Carlos I, quien ha costeado la educación de sus nietos y quien se ha implicado hasta el fondo en ellos. La decisión de mandarlo a Estados Unidos vino provocada por el deseo de su familia de alejarlo, de nuevo, de España. Para salvarse de sí mismo y de su entorno.

Han sido demasiadas las decepciones que ha tenido Felipe con sus amistades; muchas veces ha confiado en personas y luego se ha dado cuenta de que solo querían juntarse con él para lograr algo a cambio. «¿Cómo no vas a contratar al chico que aparece en todas las fotografías con Felipe?», se preguntan retóricamente desde su familia. Y eso ha sido una constante, ha sucedido en muchas ocasiones, demasiadas para él, por lo que marcharse a Estados Unidos fue la solución ideal. Pese a que no era de su agrado, entendió que era la única opción posible.

Lo que nunca pensó es que la *high school* que escogerían para que estudiara se hallaría en un pueblito en medio de la nada. Felipe cursó bachillerato en ese centro, único en el pequeño pueblo, al que asistían alumnos de todos los niveles educativos, de todas las clases sociales, de todas las razas… Allí fue a parar Felipe, en la Blue Ridge School de St. George, un minúsculo pueblo aislado, rodeado de bosques y lobos, en el estado de Virginia. «Cuando llegó, se quedó paralizado, no quería quedarse, sabía que ni siquiera se podía escapar porque no había nada más que bosque en los alrededores, fue un shock absoluto para él, pero con el tiempo y con mucho esfuerzo, logró adaptarse y terminar sus estudios», recuerda un miembro de la familia.

En esta escuela solo para chicos se mezclaban, como hemos apuntado, los hijos de los ricos del pueblo con los hijos de los más humildes, unos costeando los estudios de los otros. Felipe llegó en verano, poco antes de que empezase el curso en septiembre, y ese verano fue para él un pequeño infierno. Pero la pesadilla se convirtió en su salvación. Empezó su estancia en una casita pegada a la escuela en la que le acompañó el coronel Nicolás Murga, que le cocinaba la cena cada noche. Le hacía tortillas y comida española para que la añoranza no fuera tan profunda.

Se daba la circunstancia, además, de que muchos de los profesores de la Blue Ridge School vivían en casitas alrededor del centro o incluso en las propias instalaciones escolares, con lo que la dedicación a los alumnos era prácticamente absoluta. Así lo habían hecho durante años y así lo hicieron aquel verano con Felipe, quien consiguió que el segundo director de la escuela le diera clases particulares a diario. Felipe se puso así al día en matemáticas, inglés, ciencias… y de todas las asignaturas que debía cursar a partir de septiembre.

Pero el principio no fue fácil: fue un desánimo total, incluso se enfadó con sus padres y sus abuelos por haberlo mandado a un lugar tan inhóspito, un lugar que al final terminó siendo, como hemos dicho varias veces, el de su salvación. Una de las personas que acompañó a Felipe en toda su andadura fue la profesora Marcia Kozloski, una mujer que se tomó la situación del hijo de la infanta Elena como un reto. Le dedicó la vida entera y se comportó como una especie de madre con él. Tanto es así que siguen en contacto y en estos días, en los que el joven vive en Abu Dabi, se llaman y le sigue dando consejos.

Kozloski se retiró hace poco y ya no es profesora en Blue Ridge School, donde estaba especializada en español y portugués. Llegó a este pequeño pueblo del sur de Washington en 2001 procedente de Nueva York, donde había trabajado en el Consulado general de Brasil. Era la secretaria del Departamento de Visas, desde junio de 1976 hasta que decidió mudarse a una zona tranquila y dedicar sus conocimientos a enseñar a jóvenes alumnos, como Felipe Froilán, aquel reto que se convirtió en su alumno favorito.

Los dos años que el joven estuvo en Estados Unidos se implicó mucho, para sorpresa de todos, en las clases. Claro que no tenía nada más que hacer, «no había dónde caerse muerto —comentan entre risas—, si salías del pueblo se te comían los lobos en el bosque». El recuerdo, como tuvo buen final, es motivo de chanzas en casa. La imagen de Felipe enfadado, aquel adolescente que lo que quería era pasárselo bien —como suele sucederles a los adolescentes— es todavía una excusa para hacer broma en familia.

Contra viento y marea, con la ayuda de Kozloski y la tutoría de Murga —quien solo estuvo en Estados Unidos las primeras semanas, para facilitar la integración del joven—, Felipe estudió y se sacó el bachillerato. Muchos lo daban por imposible y en España se llegó a publicar que había falsificado los documentos de aprobado de los cursos, como si eso fuera posible. En especial en Estados Unidos... Felipe se sacó los estudios reglamentarios él solo después de dos años de un esfuerzo tremendo. Él fue el primero que se esforzó, obvio, pero también su entorno, que se dejó la piel para que el joven pudiera tener los estudios que corresponden a alguien que es nieto de un rey.

«Si tu abuelo es el rey, no puedes ir por la vida sin una titulación de estudios. Es imposible, impensable, y él mismo era consciente de eso. Hay que tener en cuenta una cosa: el peso del abuelo sobre estos niños es tremendo. Felipe no da un paso sin pensar en lo que pensará su abuelo. Y cuando se equivoca, que han sido tantas veces, siempre se arrepiente por él mismo, claro, pero sobre todo, por su abuelo. Puede estar al borde de un precipicio, a punto de tirarse porque alguien se lo ha dicho, se lo ha propuesto y le ha parecido divertido, pero antes de dar ese paso, piensa "¿Qué diría mi abuelo si hago eso?", y casi siempre da marcha atrás y deja de hacerlo», comenta un miembro de la familia.

En fin, Felipe se graduó de bachillerato tras dos años de dedicación casi exclusiva a sus estudios. El día de la graduación, con toda su familia en Estados Unidos, enloqueció de emoción, como tantos otros compañeros. Aquel fue el día en el que todos vimos unas fotos del joven que volvieron a colgarle el sambenito: tirándose a un lago, vestido de traje, y fumándose un puro. «No es que estuviera en una fiesta salvaje, o que estuviera descontrolado, nada de eso, Felipe, aquel día, celebraba con sus compañeros y amigos algo que pensó que no podría conseguir, una tontería para muchos, una montaña para él. Sí, sí, Felipe celebró a lo loco que había terminado bachillerato, pero es que estaba más feliz que nunca, porque había conseguido lo que pensaba que era imposible».

Los otros colegios

Sussex

En 2010, después del clásico campamento de verano y de pasar varias semanas de vacaciones en el palacio de Marivent en Palma de Mallorca, los nietos reales volvían al colegio. Aquel fue el año en el que empezaron los cambios para Felipe. Dejaba atrás su colegio de toda la vida, el San Patricio, y a partir de septiembre, se trasladaba a un internado en Inglaterra. Tenía doce años, hacía cuatro que sus padres se habían divorciado, y los estudios ya se perfilaban como la gran montaña de Sísifo en la vida del nieto mayor de los reyes. Subiría y subiría y casi siempre perdería la piedra a pocos pasos de la cima. Un círculo infernal. Su nuevo destino iba a ser un prestigioso internado en Sussex, un colegio en el que iba a poder mejorar su inglés y alejarse, empezaba el mantra de su vida, de la presión mediática. El famoso «cese de la convivencia» de sus padres le había convertido en objeto de deseo de la prensa y, al ser tan pequeño, nunca supo gestionarlo. ¿Alguien recuerda las peinetas que Froilán dedicó a los periodistas durante su infancia? Muchas, ¿no?

El SAFA

Cuando Felipe Froilán volvió de Sussex, sus padres lo matricularon en el ya mencionado Santa María del Pilar, cerquita de casa, no fuera a ser... Y tampoco logró buenos resultados, así que la familia decidió cambiarlo de nuevo de colegio y lo matricularon, en 2014, en un colegio especial para jóvenes díscolos. «Fue un gran error», sentencian todos. El colegio episcopal Sagrada Familia de Sigüenza, conocido como SAFA, fue su destino. Llegó acompañado por los escoltas, lo que causó gran revuelo, tal como se reflejó en los medios locales, que seguían el periplo del nietísimo con dedicación.

Desde el internado intentaron que terminara tercero de la ESO con mejores resultados. Para ello, contó con algún privilegio: además del tutor que le correspondía como a cualquier alumno, contó con la ayuda del director del centro, quien supervisó su evolución desde primera línea. Repetidor —cursó dos segundos de la ESO—, en su familia pensaron que la mano dura sería la solución. Acaso no pensaron que iba a ser el cariño, como el que recibió en Estados Unidos, el que le iba a ayudar a solucionar sus problemas escolares. En el SAFA, el joven se perdió un poco más si cabe.

En la escuela de negocios

El College for International Studies, conocido como el CIS, es un centro fundado en 1981 que se focaliza en los negocios, el marketing y que cuenta con principios humanistas y liberales. Según se puede consultar en los folletos y la página web del centro, el curso académico 2022-2023, por ejemplo, tiene un coste total de 20.085 euros. Eso, si se aporta todo en un solo pago. Si por el contrario, la aportación es mensual, se debe contar con un aumento en la cuota, por lo que el coste del curso podría llegar a ser de 21.548 euros.

En el CIS estudian muchos hijos de grandes empresarios españoles, algunos de los cuales tienen el futuro asegurado, pero cuyos padres quieren que los herederos cuenten con formación. También han pasado por sus aulas los hijos de algunos famosos, como Alba Díaz, la hija en común de Vicky Martín Berrocal y Manuel Díaz, más conocido como el Cordobés.

Es preciso matizar que en estas cuotas, a pesar de incluir libros y materiales, no se contemplan las horas de tutoría personalizadas —a 65 euros—, las sesiones de coaching —el pack de doce vale 1.020 euros—, el examen de inglés necesario para el acceso —250 euros— ni la tasa de graduación —210 euros—. Más allá de todas estas condiciones económicas, la universidad americana ofrece algunas facilidades para sus alumnos. Por ejemplo, para ingresar no es necesario realizar la EBAU (evaluación de bachillerato para el acceso a la universidad), ya que el centro cuenta con su propio proceso de admisión, que también tiene precio: 100 euros.

Este mecanismo de selección arranca con una entrevista personal por parte de los miembros del Comité de Admisiones y del decano de Estudiantes del CIS, que tiene como objetivo conocer los intereses, motivaciones y habilidades extraacadémicas del candidato. Posteriormente, este realiza dos pruebas. Una primera que consiste en un examen de inglés que incluye una prueba oral y una prueba escrita de gramática, vocabulario y desarrollo, más una segunda conformada por un test de matemáticas de veintiún ejercicios tipo test. Aunque este proceso es necesario, la página web del centro advierte que los resultados obtenidos no son en absoluto eliminatorios. Este trámite «sirve para evaluar tu nivel e incluirte en la asignatura adecuada si empiezas tus estudios en CIS University». Por último, otra de las grandes ventajas del College for International Studies es su amplia oferta de prácticas.

Los escándalos

El tiro en el pie

Quién iba a decirle a Felipe Froilán de Marichalar que una de aquellas travesuras por las que se había hecho famoso terminaría por afectar a su abuelo, el rey Juan Carlos, una de las personas más importantes de su vida. «No da un paso sin pensar en lo que diría su abuelo, no lo da él ni ninguno de sus primos, pero en el caso de Felipe esa impronta es especialmente profunda». Habla una de las personas que más conoce al chaval, ya adulto, y que le ha guardado los trapos sucios más de una vez. Este personaje, como tantos otros consultados para escribir estas páginas, le tiene un cariño a Felipe Froilán que va más allá de la relación que deberían tener por estamento social y laboral. Pero volvamos a la travesura que le costó un disgusto a su abuelo. Uno de los grandes disgustos de su vida.

Eran las vacaciones escolares de Semana Santa de 2012 y Felipe Froilán estaba en Soria, en la finca Garrejo en Garay, una propiedad de sus abuelos paternos. Aquel era el primer curso que estudiaba en Madrid tras volver de Sussex. A sus trece años, el pequeño pasaba unos días con sus primos Marichalar y con ellos decidió entrar en la armería de la casa, donde el abuelo había guardado sus armas desde años lejanos. Jugaban, decíamos. Y en ese juego el pequeño usó una escopeta... que se le disparó fortuitamente en el pie provocándole una grave herida que le llevó a tener que quedarse hospitalizado varios días.

Los detalles de aquella tarde quedaron borrosos, sobre todo al principio. ¿Estaba o no estaba su padre, Jaime de Marichalar? ¿Le permitieron tomar el arma o fue una gamberrada? Una ambulancia debió trasladarlo al hospital Santa Bárbara, donde estuvo unas horas ingresado para ser trasladado más tarde a la clínica Quirón de Madrid, en la que se quedó con su madre.

A las nueve y media de la mañana la reina Sofía llegó al hospital donde también había acudido María Zurita, hija de la infanta Margarita, hermana de don Juan Carlos. ¿Y el rey? El rey no apareció y fue entonces cuando empezaron a sonar los primeros rumores, rumores que su mujer, la reina Sofía, se encargó de cargar, casi como si del tambor de una pistola, como con la que se hirió Froilán, se tratara.

«Está de caza» fue la escueta y casi furtiva respuesta de doña Sofía cuando la prensa le preguntó por el monarca. Sí, Juan Carlos I estaba de caza, se supo después y se habló y se sigue hablando de aquella escapada. El rey estaba en Botsuana, con su pareja, la alemana Corinna Larsen, y un grupo de amigos. Aquellos días de crisis económica en los que el país se hundía y los españoles no sabían si la economía necesitaba un rescate de la Unión Europea, el rey estaba de caza. En África. Con su novia. Y el accidente de su nieto, su nieto querido, fue el primer paso para que todo quedara al descubierto.

La mecha había prendido y solo faltó que el mismo Juan Carlos I sufriera su propio accidente en el campamento de Botsuana para que estallara la bomba. El resto es historia, una historia que ya se ha contado demasiadas veces.

Antes de que se supiera que el rey estaba en Botsuana, el escándalo se centró en Froilán. Siempre Froilán. Que un niño de trece años jugara con un arma fue el gran motivo de debate. Y tenían razón quienes lo planteaban, ya que la Ley prohíbe a los menores de catorce años manipular armas y, menos, jugar con ellas. El Real Decreto 137/1993, de 29 de enero, Sección II del artículo 109 señala que solo los mayores de catorce años pueden usar armas de fuego y las armas de la categoría 3.12, que son escopetas y demás armas largas de ánima lisa, para la caza y para las competiciones deportivas en cuyos reglamentos se halle reconocida la categoría júnior. Además, según la Ley, los niños de entre catorce y dieciocho años necesitan, siempre, una autorización especial tras pasar un examen de capacitación. Felipe Froilán, era evidente, no contaba con nada de eso.

El pequeño, una vez en la ambulancia, musitaba preocupado: «Que no le pase nada a mi padre, que no le pase nada a mi padre». Porque sí, su padre estaba con él aquellos días. Era una de las dudas que surgieron al principio de conocerse la noticia: si Jaime de Marichalar estaba con su hijo y si toleró lo sucedido. La Casa Real tuvo que emitir un comunicado en el que se dejaba todo muy claro: el niño «ha sufrido un accidente cuando realizaba prácticas de tiro en su finca familiar de Soria; cuando estaba en el patio de la casa, acompañado de su padre, se le disparó una escopeta (calibre 36) causándole una herida en el pie derecho».

Tras lo sucedido, el exduque de Lugo tuvo que declarar ante la Guardia Civil porque, lo hemos dicho, el niño no podía manipular un arma. El ya exmarido de la infanta Elena alegó que su hijo estaba limpiándola.

Las peleas

¿Aprendió el joven de sus errores? No. No aprendió o al menos ese accidente no le sirvió para controlar sus impulsos. El verano de 2013, en una pelea con Pablo Urdangarin en Palma de Mallorca, se enfadó tanto que atacó a su primo con un pincho moruno. El responsable de la Escuela Nacional de Vela de Calanova, donde cada verano hacían un cursillo al que los apuntaba su abuela, la reina Sofía, tuvo que intervenir para que la cosa no fuera a más. Aquel episodio quedó como una anécdota, una más, que evidenciaba el carácter rebelde del joven. Hasta que dos años más tarde, en una cola en el Parque de Atracciones de Madrid, la pelea fue con un desconocido. Felipe Froilán ya tenía dieciséis años y sus actos empezaban a ser algo más que una gamberrada.

«¡Tú cállate, puto chino!»

En plena ebullición de la adolescencia, Felipe Froilán quiso, como siempre ha querido, hacer lo mismo que los chicos de su edad. Eso sí, algunas veces, iba más allá. Como en el verano de 2015. Froilán fue con unos amigos al citado parque de atracciones y al ver la enorme fila que se había formado para acceder a la atracción más famosa, la montaña rusa, según algunas versiones, decidió colarse. Cuando el grupo que se saltó el joven con sus amigos le recriminó lo que estaba viendo, Felipe se encaró con uno de ellos, de origen asiático, y le espetó la ya famosa frase: «¡Tú cállate, puto chino!». La discusión no fue a más. Pero las alarmas saltaban de nuevo. Jaime de Marichalar salía al paso de las informaciones y aseguraba que todo era mentira, que era una invención o de la prensa o de alguien que estaba en el parque. Es otro de los errores que suelen acompañar a los hijos de la infanta Elena: su padre sale al paso y niega informaciones que después resultan ser ciertas, con lo que la credibilidad queda siempre en entredicho. Porque aquel mes de mayo de 2015, fue el parque de atracciones el que emitió un comunicado en el que confirmaba lo sucedido, «tal como se ha informado, sin más». Querían descargar de culpa a Froilán, a quien le atribuían la malograda frase pero ningún incidente posterior. Y al confirmarlo, dejaban en evidencia la situación familiar.

El chico normal

No era ni la primera ni la última travesura, lo sabemos ya. El hacer de Felipe Froilán siempre ha sido algo disperso, por ser generosos. Quienes lo conocen cuentan anécdotas de todo tipo. Una de ellas es muy clarificadora: como sobrino del rey e hijo de la infanta, Felipe siempre ha tenido acceso a lugares que el resto de los mortales no puede ni soñar con acceder. Al menos algunos de ellos. Como madridista de pro, desde pequeño ha tenido la suerte de poder ver los partidos del Real Madrid desde donde ha querido. O no. Veamos: en plena adolescencia, le invitaban de manera habitual al palco. Imaginen la escena: un chaval de quince o dieciséis años, con algún amigo, rodeado de señores trajeados que hablan de negocios en la tribuna de uno de los estadios más importantes del mundo. Para muchos eso sería la panacea, para Felipe Froilán era el infierno. Tanto es así que una de las tardes de fútbol y corbatas, decidió irse en la media parte, escapar de ese ambiente engolado, engominado y nada nada joven. «Prefirió irse a las inmediaciones del campo, donde estaban sus amigos, se metió en una tienducha de alimentación, se compró un refresco y unas pipas y se quedó toda la tarde sentado en las escaleras de un portal en plena calle, charlando y riendo con los colegas. Ese es Felipe, el chico que quiere ser normal». Todos los sobrinos del rey lo desean.

La pandemia

Un chico que no ha tenido jamás una educación normal no sabe lo que significa eso de gente vulgar, en el mejor sentido de la palabra. Y se equivoca, mucho además. ¿Conocen a alguien que en plena pandemia se saltara las restricciones? ¿No? Les presentaremos a uno. Bueno, a dos: Felipe Froilán y Victoria Federica de Marichalar. Los hijos de la infanta Elena fueron pasto de la prensa y protagonistas de escándalos porque se saltaron las restricciones de la pandemia varias veces. Y de maneras muy diversas. Maticemos: los pillaron en varias ocasiones, no sabemos cuántas en realidad.

A finales de octubre de 2020, el sobrino mayor de Felipe VI fue pillado en plena calle en Madrid, de botellón y sin mascarilla. Ahora, con el paso del tiempo, puede parecer absurdo, pero en aquellos días en los que ni siquiera nos tocábamos para saludarnos, ver al chaval pasando de todo enervó a más de uno. Lo «curioso» es que el joven no pasó la cuarentena, es decir, los casi tres meses de encierro, en su casa con mamá. Se «escapó» a Marbella. En la ciudad malagueña, el nieto de los reyes eméritos se alojó en un hotel de lujo, semivacío, con un compañero de universidad, Andrés Parladé Tassara, con quien pasó la crisis del coronavirus como si de unas lujosas vacaciones se tratara.

El citado establecimiento es el Alcuzcuz Hotel Boutique, un cortijo recóndito situado en Benahavís, uno de los más lujosos municipios de Málaga, cerca de la serranía de Ronda. Este hotel es *adults only*, lo que significa que no pueden alojarse los menores de dieciocho años. La finca, de 20 hectáreas, durante la crisis del coronavirus permaneció cerrada al público. Con seis habitaciones y dos casitas dormitorio, alojarse en dicho hotel supuso un privilegio más en la vida del joven cuando toda España sufría con las restricciones.

También su hermana protagonizó escándalos en la pandemia por aparecer por la calle sin mascarilla, por estar un día en una provincia y otro en otra, cuando en principio no se podía salir de la ciudad de residencia…

Felipe Froilán de Todos los Antros

Son las contradicciones de esta familia: no quieren la responsabilidad y tampoco los privilegios, pero cuando la vida aprieta, acaso sin pensarlo demasiado, tiran de familia y amigos y encuentran la solución a sus problemas. Y si a esa condición le sumamos la mala suerte, en el caso de Felipe el cóctel es maná para la prensa.

Nos referimos, por ejemplo, al verano de 2022, cuando Froilán decidió celebrar su cumpleaños en la discoteca Opium de Marbella y todo acabó, digámoslo llanamente, como el rosario de la aurora. Aquella noche hubo un tiroteo en la sala, una grave reyerta que terminó con cinco heridos. Aunque el joven *royal* no estaba implicado en el suceso, sí estaba dentro del local. Su padre, como siempre, negó la mayor a los periodistas que le consultaron, aunque después no pudo evitarlo: Froilán estaba en Opium aquella noche. Tanto es así que él mismo, con ese sentido del humor algo cínico, se encargó de confirmarlo: «Vivito y coleando», escribió en las redes sociales.

No fue hasta 2023 cuando el joven entendió que la situación rebasaba su control y que debía tomar cartas en el asunto. Él lo entendió y su familia le presionó para que lo entendiera. Todo empezó con una reyerta en el centro de Madrid, a las puertas de una discoteca, en noviembre de 2022. Aunque la noticia no se supo hasta la primavera de 2023. Empezaba la Operación Froilán.

En la citada discoteca hubo una pelea en la que algunos implicados sacaron navajas y un amigo del sobrino del rey terminó herido. Un corte en la mano de casi 2,5 centímetros de profundidad, algo suficientemente grave para que Felipe Froilán decidiera acompañar al colega al hospital. Allí, en el atestado, aparecía todo. No cabía una nueva negativa de su padre. No cabía ya la duda.

A ese episodio se sumaba otro: una noche, en pleno barrio de Salamanca, los dos hermanos Marichalar habían tenido un accidente de tráfico: colisionaron con varios coches aparcados en la calle y tuvo que intervenir la policía. Incluso se llamó a personal de seguridad de la Zarzuela para que intentaran solventar el asunto. Hubo atestado de nuevo. Otra vez la confirmación de que algo estaba pasando con el joven.

Y sucedió, claro que sucedió. En febrero de 2023, el sobrino del rey Felipe VI estaba con sus colegas en un *after* en la madrugada de un domingo cualquiera. Y pasó lo que tenía que pasar y que provocó que fuera la última gran juerga madrileña del joven: la policía desalojó el local porque sobrepasaba el aforo permitido. Las informaciones que aparecieron aquellos días hablaban de que el local, en el barrio de Azca, tenía licencia de sauna y varias habitaciones vip, donde algunos consumían drogas y fumaban. La policía municipal de Madrid contabilizó a 229 personas en un local en el que solo podía haber 99. En las habitaciones, en las que únicamente podía haber 2 personas, se llegaron a contar hasta 20. Además, la policía interceptó a varios menores y cantidades ingentes de droga. Ese fue el punto y aparte en la vida de Felipe Froilán. Harto de aparecer en prensa en situaciones poco afortunadas y consciente de que debía cambiar algunos aspectos de su vida, a finales de 2022 había pedido ayuda en casa.

La mudanza a Emiratos Árabes Unidos

Habló con su madre y con su padre; y, cada uno por su cuenta, empezaron a mover hilos. Fue, sin embargo, su abuelo, el rey Juan Carlos I, quien gestionó todo lo necesario para dar un nuevo rumbo a su existencia. Dio un golpe en la mesa y lo ayudó a emprender una nueva vida, lejos del ruido mediático y de la influencia de amistades perjudiciales. No hay que negarlo, el mundo interior de Felipe Froilán necesitaba un cambio radical.

Hubo un momento en el que la infanta Elena —y también su exmarido, Jaime de Marichalar— pensó en la posibilidad de que el chaval viviera con el rey emérito. La hermana de Felipe VI se lo planteó incluso a su padre, le dijo que Froilán podría instalarse en su casa. Pero don Juan Carlos no lo vio factible, y así se lo comentó a su hija. Le dijo que no estaba preparado para vivir con un chico de esa edad. Porque la vida del rey expatriado en Emiratos Árabes es muy tranquila y relajada, y está pautada al minuto.

En efecto, cuenta con una atención médica basada en la excelencia, recibe visitas de forma periódica, tiene un fisioterapeuta diario que le ayuda con la movilidad y, además, suele salir a comer o cenar con amigos. En esa agenda apretada pero tranquila no cabe la vida de un joven de veinticuatro años que está más en la vida de noche que en la de día. Don Juan Carlos cuenta con dos residencias en Emiratos, ambas facilitadas por la familia real del país.

Una de ellas, a la que se mudó hace unos meses tras acondicionarla con todo lo necesario, está en la isla de Nurai, donde suele pasar la mayor parte del tiempo.

En estas circunstancias, era muy complicado que Froilán se instalara allí. Aunque se llega a Abu Dabi en un «golpe de barco». El exmonarca tiene también a su disposición una casa en dicha capital, en la que se aloja cuando va allí porque ha quedado con alguien o para respirar un aire algo más metropolitano. Muy bien cuidado y atendido por sus huéspedes, don Juan Carlos tiene los mejores contactos en Emiratos. Así que ha movido los hilos necesarios para encontrarle un trabajo y una residencia a su nieto mayor. Froilán ha vivido durante unos meses en un apartamento en el centro financiero de la ciudad, un apartamento que se pagaba con ayuda de su abuelo al principio. El piso es pequeño y sencillo, añaden, un «apartamentito» —así lo definen— que cubre las necesidades del joven de forma impecable.

La intención de Froilán es quedarse durante una larga temporada. No se sabe cuándo va a volver a España, pero podría suceder que mientras usted está leyendo estas páginas, el joven ya esté en otro país, como el Reino Unido, por ejemplo, o haya vuelto a España. Así de rápido va la vida de los jóvenes *royals* españoles.

Otra de las cuestiones que tuvo en cuenta su abuelo para acceder a ayudarle es clave en la vida del joven. En Emiratos Árabes Unidos el alcohol es un bien de difícil acceso, es decir, no está en todas partes, a diferencia de

España. En Abu Dabi, su consumo está muy restringido y controlado. Además, la juerga no es como la de Madrid, ni mucho menos, por lo que si Froilán hubiera tenido alguna tentación, no lo habría tenido tan fácil como le sucedía en la capital española.

Cuando el rey emérito movió los hilos y le consiguió los contactos laborales necesarios y una residencia a su nieto, supo que algunos de los miembros del núcleo familiar del joven respiraron tranquilos. Otros, sin embargo, le responsabilizaron, de algún modo, de no haberlo conseguido antes. «Ya era hora» es la frase que pronunció uno de ellos, algo que no ha gustado nada al exmonarca, quien considera que debían haberse hecho cargo del joven hace ya tiempo. Porque, según él mismo comenta, la situación se había descontrolado, lo que hace que no se sienta nada satisfecho con cómo se han desarrollado los hechos. Nunca se tenía que haber llegado tan lejos.

Y no es el único que opina lo mismo. La infanta Elena se ha mostrado muy preocupada por su hijo, hasta el punto de pedirle ayuda a su padre para reencauzar la situación. Todo, además, no ha venido provocado por las continuas apariciones en prensa, sino porque el joven decidió marcharse. «Nadie es capaz de mandar a Felipe a Emiratos si él no lo pide antes, es un chico con mucha personalidad y con las cosas muy claras».

La mayoría de sus familiares consideran que el joven había perdido el control sobre su propia vida. Ahora vive solo en Emiratos Árabes Unidos, pero acompañado de cerca. Allí ha vuelto a empezar y ha dado más de una alegría a su familia. Vive sin escoltas, porque no tiene seguridad del Ministerio del Interior desde aproximadamente el día que cumplió los dieciocho años, pues coincidió con el momento en el que los hijos de las infantas, al dejar de pertenecer a la familia real, dejaron de tener derecho a escolta. «Derecho y obligación», puntualizan quienes los conocen. Ha sido su abuelo y alguno de los miembros del equipo que lo acompañan en Abu Dabi desde el año 2020 quienes han seguido los pasos del joven en el país árabe cuando lo han considerado necesario.

Insistimos: Froilán jamás se habría ido a Abu Dabi si no hubiera sido por su propia voluntad. Lo dicen todos quienes lo conocen. Es un chico rebelde y con unas ideas muy claras, añaden, y fue él mismo quien pidió a su entorno que lo ayudaran y lo sacaran de España, que quería y necesitaba un descanso y nuevos aires.

El futuro

Y en agosto de 2023, integrado ya en la red laboral del país, se mudó de forma temporal a Dubái, donde podía centrarse más en su trabajo. De este modo, la residencia del sobrino de Felipe VI quedó fijada en Emiratos durante más tiempo del que muchos pensaban. Porque, como decíamos, no pensaba en cambiar de país, al menos hasta pasado el mes de enero de 2024. La mudanza de Froilán apenó en cierto modo a su abuelo, el rey Juan Carlos I, porque lo tenía más lejos y no podía verlo tanto como lo había estado viendo durante todos estos meses que compartieron residencia (que no casa) en Abu Dabi. Pero, en el fondo, es una buena noticia para toda la familia.

El movimiento entre ciudades respondía a sus necesidades laborales, aseguran las mismas fuentes, porque en Dubái es donde está la sede de la organización para la que fichó tras pasar una dura selección, pese a quien pese. Se trata de la Cumbre del Clima COP28, que se celebró en esta ciudad emiratí desde el 30 de noviembre hasta el 12 de diciembre de 2023. Se trata de la vigésimo octava conferencia de partes (de ahí el acrónimo COP28) y es una reunión a nivel global dentro de la organización de la Convención Marco de las Naciones Unidas sobre el Cambio Climático.

Froilán logró entrar después de la citada selección, y se vio muy involucrado en la organización, tanto en las secciones logísticas como diplomáticas, de la Cumbre Mundial del Clima. El presidente de la conferencia es nada más y nada menos que el sultán Ahmed al Jaber, ministro de Industria de Emiratos y presidente a su vez de la petrolera ADNOC, la más importante del país. La figura de Al Jaber ha sido clave para que Froilán lograra un puesto, aunque desde su entorno inmediato aseguran que el joven siguió todos los pasos oficiales para lograr su empleo, insisten en señalar que no hubo privilegio.

Sea como sea, Felipe Froilán está «encantado» con su nuevo trabajo y quiere dedicarse a él en cuerpo y alma. Por eso, y porque se lo recomendaron claramente desde la organización, se mudó a Dubái por un tiempo. Aunque al final su residencia oficial está en Abu Dabi, y en Dubái reside solo cuando el trabajo lo reclama. En su familia son conscientes de que deben fomentar su lado más amable y aprovecharlo, a pesar de que en esta ciudad hay muchas más tentaciones para alguien como él, con esa querencia por la noche. Y así lo analizan desde su entorno inmediato y familiar: «Si controla la situación y tiene buenas compañías, acabará dedicándose como profesión a algo relacionado con la noche. Sería feliz si pudiera trabajar en una promotora musical, por ejemplo, organizando conciertos».

Los ambientes sociales se le dan muy bien, afirman, y le apasionan, por lo que no les extrañaría nada que terminara trabajando con algo relacionado con el ocio nocturno. Pero, por el momento, el joven aprovecha lo que tiene para ganar experiencia y conseguir un currículum. Así, y si nada cambia a última hora, seguirá en Emiratos al menos unos meses después de terminar la cumbre. Primero, porque hay trabajo que hacer tras una reunión de tan alto nivel, y después, porque, una vez concluida, quiere seguir aprendiendo cómo funciona una cita de tan grandes dimensiones y de características internacionales y de gran repercusión.

Tras su labor relacionada con la cumbre, puede ser que vuelva a España, aunque las mismas fuentes consultadas apuntan a que tendría más lógica que se fuera a vivir a otra gran ciudad, como Londres, por ejemplo, donde podría seguir aprendiendo sobre organización de grandes eventos. En casa tienen claro que es el futuro que le interesa y consideran que por ahora va por buen camino.

VICTORIA FEDERICA DE MARICHALAR

Si aparece con las cejas pintadas de rosa, al poco rato recibe una llamada de su abuelo para preguntarle qué era eso. Un abuelo tradicional que no entiende a su nieta en numerosas ocasiones. Lo normal, diríamos, si no fuera porque quien se pintó las cejas de rosa fue Victoria de Marichalar para un «evento» y porque la llamada la realizó el rey Juan Carlos I desde Abu Dabi para advertir a la joven. No le gustaba el camino que estaba tomando y menos que lo hiciera con una imagen totalmente alejada de lo que se espera de una *royal*. Porque le guste o no a la hija de la infanta Elena, siempre será miembro de la realeza europea. «Y esa mano, siempre en el bolsillo, se lo habrán dicho en la agencia que la ha contratado como modelo, pero es de lo más vulgar, no es propio de una grande de España». Es así como el rey expatriado habla con los suyos cada vez que ve a su nieta en un sarao. Y no son pocos. Mientras, Victoria Federica entiende al abuelo, intenta hacerle caso porque su voz tiene un peso descomunal en su vida y trata de seguir su camino en la moda, consciente de que no siempre agradará a su familia.

Siempre pareció un cisne negro entre tantos niños rubios de ojos azules. Ya desde muy pequeña, Victoria Federica de Marichalar llamaba la atención por ser diferente. Los retoños de la familia real española parecían sacados de un anuncio de colonia americana de los años ochenta. O de cereales. Pelo dorado, sonrisa de dentífrico, ojos turquesa y actitud perfecta. Todos, menos los hijos de la infanta Elena y Jaime de Marichalar, en especial la niña. El pelo negro y rebelde, rizado y despeinado, el cuello largo como si no fuera a acabarse nunca, espigada, sí, y siempre vestida como de muñeca de los años cincuenta. Parecía una niña sacada de un cuento de esos que leían las niñas de posguerra. Abrigo abotonado, lacitos en el pelo... Todo eso parecía, aunque si uno se fijaba bien, la Victoria que conocemos hoy, esa joven algo alocada y divertida, que se dedica a la moda y a las redes sociales, que posa descocada y con aplomo, ya estaba allí. Porque su estilo siempre fue especial.

Ahora, con su altura —1,80 metros—, una delgadez natural, estructura ósea de top model y un gran desparpajo en las relaciones personales, sí se siente cómoda, Victoria es una *influencer* que ha llegado por méritos propios a un mundo en el que piensa quedarse. Es más, lo hará en contra de la opinión de sus padres, que al principio se negaron a que se dedicara al mundo de la moda y que en la actualidad, al ver que triunfa y que sirve, han tenido que callarse. A regañadientes, eso sí, como su abuelo. Una vez más. Porque Victoria siempre fue una rebelde, sobre todo cuando sus padres se divorciaron y ella se encontró más sola que la una.

Vic, como la llaman quienes la conocen, nunca fue una alumna excelente, pero siempre pasó sus cursos sin dificultad. Sobre todo de pequeña. Su carácter dócil y su elevada educación suplían las carencias en otros ámbitos. Su primer colegio fue el St. George's, en La Moraleja, una elitista escuela en cuya elección su padre, Jaime de Marichalar, tuvo mucho que ver. Casarse con una *royal*, en la mente de un aristócrata como él, conllevaba muchas responsabilidades, y una era que su hija estudiara en los mejores colegios. Los ideales de la infanta Elena no estaban muy distanciados de los del que fuera su marido, así que aquella escuela se antojó una de los mejores para la pequeña. Tenemos que hablar de Jaime de Marichalar, ya que no lo hemos hecho antes. Y la figura del exduque de Lugo es muy potente en la vida de sus hijos, sobre todo por la influencia que siempre ha tenido sobre los pequeños.

Los Marichalar

Jaime de Marichalar nació en el seno de una familia aristocrática, de origen castellano, que siempre tuvo vínculos con la realeza. Fue el cuarto de los seis hijos de los condes de Ripalda. Amalio de Marichalar y Bruguera, comandante de artillería, era su padre, fallecido en 1979. Se casó con María de la Concepción Sáenz de Tejada y Fernández de Bobadilla, también fallecida (en 2014). A diferencia del padre, el todo poderoso conde, la madre vivió y trató a sus nietos, sobre todo a los pequeños nietos de los reyes, a quienes quería con especial devoción.

Jaime de Marichalar pertenece al ilustre Solar de Tejada, la corporación nobiliaria más antigua de España. Esta recia institución nobiliaria y los Tejada fueron protagonistas de la llamada Reconquista: el conde Sancho de Tejada y sus trece hijos, héroes de la batalla de Clavijo, sirvieron al rey Ramiro I de Asturias y expulsaron a los «moros» hasta Aragón, obteniendo en reconocimiento los solares logroñeses de Valdeosera y Tejada.

Así lo contaba la periodista Cristina López Schlichting en un artículo en *El Mundo* en 2001: «Más de mil años después, sus sucesores conservan la casa solariega, un vetusto edificio de piedra en la sierra de Cameros». Y lo escribía la reportera porque en 2000, «la familia Marichalar decidió incorporar a Froilán a las viejas costumbres y tiró con él hacia la montaña, a inscribirlo en los libros amarillentos, guardados desde hace siglos en los claveros de madera». «Para nosotros esto es como el bautismo», dice José Asterio Sáenz de Lacalle González Orden García Vidaurreta de la Hoz de Tejada, tan rico en apellidos como en orgullo familiar. Porque también este empleado de la gasolinera de Villanueva de Tejada pertenece al señorío. «Esto pasa de padres a hijos, desde siempre», explica mientras llena el tanque. El recio paisano, coloradote y fuerte, tiene bien clarito en la memoria las cosas que le contaba su madre de chico: «Que había que recibirse en el solar, que te apuntaban en un libro que probaba que descendías de don Sancho, que las mujeres no podían entrar en la sala».

Sus padres, sus hermanos y su hijo, Felipe, pertenecen pues a esta regia institución. El abuelo de Jaime, es decir, el bisabuelo de Felipe (llamémosle por su nombre, no Froilán) y de Victoria, Luis de Marichalar y Monreal, vizconde de Eza, fue ministro del Ejército y Marina durante el reinado de Alfonso XIII y el desastre de Annual, senador vitalicio y alcalde de Madrid.

La biografía de Jaime se antojaba perfecta para desposar (casémonos con el lenguaje noble llegados a este punto) a una mujer de sangre azul. Su familia cuenta en su haber con la Casa de los San Clemente, renombrado palacio que data del siglo XVI, y con la finca Garrejo, la misma en la que el pequeño Felipe Froilán, a edad infantil, se pegó un tiro en el pie. En el palacio en el que el niño se disparó sin querer se descubrieron las ruinas de Numancia, donadas por la familia a Patrimonio Nacional.

Ese rancio abolengo (anciana expresión) por parte de padre se vino a complementar por la parte materna. Esto es, los abuelos de Pipe y Vic, los abuelos paternos de Felipe Froilán y Victoria Federica (como los medios solemos llamarlos), son de aquellos que comían caliente incluso cuando España se moría de hambre. Si conocen a alguien de familia con raíces nobles, pregúnteles por eso de comer caliente. Es una frase muy manida en algunas clases sociales. La madre de Jaime y exsuegra de la infanta Elena era la condesa viuda de Ripalda. Eso supone, además, que su hermano había sido el teniente general José Sáenz de Tejada, jefe del Estado Mayor del Ejército de Tierra en la década de los ochenta.

La familia Marichalar Sáenz de Tejada siempre fue muy silenciosa, discreta hasta la pulcritud, como si no existieran. Pero tuvieron que cambiar los gestos cuando Jaime entró en la vida pública al casarse con una infanta. Y si encima años después —el 13 de noviembre de 2007— se usaba desde la Casa Real aquella trampa lingüística para comunicar su separación, todavía peor para estos aristócratas recatados. «Anunciamos el cese efectivo de la convivencia conyugal de sus altezas los duques de Lugo». No hubo ni un medio que no hiciera chanzas con esa escueta aunque histórica frase.

Los hermanos de don Jaime son también muchos, como los de don Iñaki (¿por qué no se usa el don en su caso?). Álvaro, el aventurero, defensor de la patria y acicate de los independentistas catalanes tuvo sus momentos de gloria. Amalio, actual conde de Ripalda, exejecutivo en la multinacional de seguros Winterthur, preside ahora, tal como ha contado tantas veces la experta en la Casa Real, Paloma Barrientos, el Foro Soria 21. Precisamente su familia está muy ligada a esta provincia castellana, ya que el panteón familiar de los Marichalar está en la iglesia de Santo Domingo, joya del románico soriano. Ana, Luis e Ignacio son los otros tres hermanos del que fuera cuñado de Felipe VI. Todos mantienen un perfil bajo y solo Ignacio ocupó titulares por verse inmerso hace unos años en una lucha judicial contra el inquilino de su propiedad en Madrid, con el que se cruzó varias denuncias por una supuesta agresión.

Uno de los miembros de la familia que se ha asomado más a la prensa es Pablo Marichalar Vigier, sobrino segundo de Jaime e hijo de su primo hermano Luis Ignacio Marichalar da Silva, que falleció el 9 de mayo de 2023 a los setenta y un años, y verdadero jefe del clan. Este ejecutivo del Banco de Luxemburgo en excedencia se casaba en septiembre de 2022 con la joven cirujana italiana Aurora Almadori y ambos residen ahora en Londres. Su hermana mayor, Inés, heredará tras la muerte de su padre el marquesado de Ciria. Por su parte, su hermano Francisco Javier es marqués de Montesa y la melliza de Pablo, Silvia, marquesa de Zafra.

La educación

Quizá ahora, querido lector, comprenderá mejor por qué la pequeña Victoria parecía una muñeca del siglo pasado cuando sus padres la paseaban en público. Y quizá por eso mismo se entiende que rompiera con todo una vez esos mismos padres dejaron de pasearla.

Aunque hubo un objeto que siempre acompañó a la pequeña, hasta que un día se hizo mayor. Era un calcetín, una prenda que de bebé usaba para dormirse, abrazándolo y acurrucándose con él, y que la acompañó, envejecido y roto, durante toda su infancia. Dejó de ser un bebé, pero cuando tenía sueño, cuando tenía miedo o cuando algo de su alrededor no le gustaba, Victoria se abrazaba a esa prenda. Un calmante, un recuerdo de una lejana infancia feliz que se había ido para siempre.

Jaime siempre quiso que sus hijos tuvieran una educación internacional y elitista, la misma que él tuvo. La misma que había tenido su entonces esposa. De Marichalar (hay quien dice que la preposición «de» la añadió antes de casarse, quién sabe, a quién le importa), estudió en los Jesuitas de Burgos, en San Estanislao de Kostka de Madrid y en la Yago School de Dublín, en Irlanda. En su juventud, la Yago era la más conocida entre las élites y entre sus alumnos figuraron nombres como el del periodista Joaquín Prat, hijo del gran presentador ya fallecido. La escuela destacaba por escoger los mejores lugares para sus estudiantes, que solían vivir con familias locales.

Marichalar mostró vocación por la empresa desde joven y su educación se enfocó en esa dirección: se formó en Gestión de Empresa y Marketing en la Escuela Superior de Estudios de Marketing de Madrid (ESEM). En 1986 amplió su formación realizando periodos de prácticas en diversas entidades financieras de París, donde residió de soltero y donde conoció a la infanta Elena. Cierto es que el compromiso entre doña Elena y Jaime de Marichalar no se hizo oficial hasta que la pareja ya estaba más que comprometida, pero también es cierto que su romance fue especial. La infanta Elena siempre fue (y sigue siendo) la mimada de su padre, el entonces todopoderoso rey. Y su compromiso debía ser lo más especial posible.

Los padres

La infanta Elena y Jaime de Marichalar se habían conocido ocho años antes de casarse, en 1987, cuando Elena se trasladó a París para perfeccionar sus estudios de francés. Y entre ambos se creó una complicidad que el padre, en el fondo, nunca acabó de entender. Porque su relación con su hija mayor siempre había sido muy apegada y con Jaime, su novio, nunca tuvo conexión. Nada que ver con Iñaki Urdangarin, a cuyos pies el entonces rey cayó rendido. Guasón y directo como casi nadie en aquellos tiempos, aquel vasco catalán se comió el terreno del soriano de calle. Esa sequedad manchega, esa sobriedad y elegancia de campo nunca cuajaron en palacio.

La pareja se casó el 18 de marzo de 1995 en la catedral de Sevilla en una ceremonia retransmitida por TVE y realizada por Pilar Miró. Durante su matrimonio vivieron en ciudades diferentes por motivos también muy diferentes. París, donde se conocieron, Nueva York, adonde se trasladaron tras sufrir él un ictus (después entraremos en eso), y Madrid, siempre Madrid. El día de su boda, el rey Juan Carlos I le concedió el título de duquesa de Lugo a su hija, doña Elena, y su marido pasó a ser el duque consorte. Ya no lo es, claro, porque ya no están casados. Pero la infanta sigue siendo duquesa, algo que la diferencia de su hermana, a quien el rey Felipe despojó de tal distinción.

La boda de la infanta Elena era la primera boda real que se celebraba en España desde el matrimonio del rey Alfonso XIII y la reina Victoria Eugenia, que tuvo lugar en 1906. La cosa se fue de madre y toda su vida, desde aquel momento, fue como un *reality*. También la de sus hijos, quisieran o no. Desde la ropa que llevaba el duque de Lugo (hubo unos pantalones de colores que se hicieron famosos casi por sí solos) hasta cómo vestía doña Elena, que de pronto pasó a ser una de las *royals* más *fashionistas* de Europa.

La luna de miel fue la única de los tres hijos de los reyes eméritos que apareció en prensa. Fue el reportero Antonio Montero quien logró captar las imágenes de ambos en uno de los hoteles más lujosos de Sídney, el Inter

Continental. También estuvieron en la isla de Herón, una de las más exóticas del océano Pacífico. Tras su idílico (y mediático) viaje de novios se instalaron en París, en un apartamento cercano al Museo del Louvre. Querían estar lejos del foco de los medios de comunicación, conscientes de que todo lo que hacían se convertía en noticia. Pero en enero de 1998 anunciaron el embarazo de la infanta Elena y el matrimonio decidió volver a España para criar a su hijo en el país. «Que sean gemelos y, si no, trillizos», decía un feliz Juan Carlos cuando le preguntaron si quería niño o niña.

El ictus, el divorcio

La condesa viuda de Ripalda, madre de Jaime de Marichalar, falleció a los ochenta y cinco años por una dolencia neurológica que supone la primera causa de muerte entre las mujeres en España. La misma que sufrió su hijo Jaime en diciembre de 2001, mientras practicaba deporte en un gimnasio cercano a su domicilio. Aquella fecha quedó grabada a fuego en la mente de toda la familia porque el entonces duque casi pierde la vida. Y cuando recuperó lo que le quedaba de fuerza, se trasladó a Nueva York con su mujer y sus hijos. Pocos meses, sí, pero los suficientes para que aquello no quedara como una simple anécdota. No entraremos en detalles, porque las versiones son penosas a veces, pero recordamos que cuando el matrimonio se rompió, una revista nada sospechosa de ser izquierdista o antimonárquica publicó en su portada algunas cuestiones sobre el exduque que serían calificadas ahora de injurias en cualquier juzgado. Acaso entonces también, pero no lo sabremos nunca porque, pese a que Marichalar interpuso una denuncia penal contra la publicación, la Justicia absolvió a los periodistas porque la información era respetuosa y no revelaba nada que no hubiese sido objeto de denuncias y rumores. Han cambiado los tiempos y seguramente hoy en día esa información ni siquiera sería publicada.

El marido de la infanta, volvamos al momento en cuestión, sufrió un ictus en diciembre de 2001 que provocó su traslado a urgencias y le llevó a estar diecinueve días ingresado en el hospital Gregorio Marañón de Madrid. Tras este duro golpe, como ya hemos comentado, el matrimonio decidió mudarse a Nueva York, donde pasaron once meses. La convivencia no era sencilla y la falta de apoyos familiares en Estados Unidos los llevó a trasladarse de nuevo a España. En junio de 2003, ya afincados en Madrid y con una vida bastante discreta, sucedió otra tragedia. Un día después de que el rey Juan Carlos anunciara el tercer embarazo de la infanta Elena, la Casa Real mandaba un comunicado explicando que había sufrido un aborto espontáneo. «En la mañana de hoy y al hacerse la infanta Elena una revisión rutinaria en la clínica Ruber internacional, tras su llegada de Nueva York, su ginecólogo habitual, el doctor Emilio Esteban, se ha dado cuenta de que llevaba una gestación de catorce semanas que se ha interrumpido por un aborto retenido».

Estos dos sucesos hicieron mella en el matrimonio, que ya andaba en malas relaciones por el fuerte carácter de ambos, entre otras muchas cosas. Lo que sucedió exactamente nunca lo sabremos, son cuestiones del ámbito más privado. Lo que sí sabemos es cuándo se separaron. Y cómo. En noviembre de 2007 llegaba el bombazo: la Casa Real anunciaba el «cese temporal de su convivencia matrimonial», una frase ya histórica y que no implicaba, decían, que la pareja fuera a vivir una separación. Pero dos años después, los abogados de ambas partes confirmaron en una nota de prensa que se habían iniciado los trámites para divorciarse, de «mutuo y común acuerdo», con la firma de un convenio regulador. Un mes después se ratificó el convenio de divorcio. Fin de su matrimonio.

Un fin que provocó un distanciamiento, más si cabe, entre la entonces princesa Letizia y su cuñada. Lo cuenta la periodista Nuria Tiburcio en su libro *La infanta castiza*: «En el 2007, cuando Elena decide separarse de Marichalar, Letizia se puso más del lado de Jaime. Eran aliados. Y la infanta no lo entendió. Tampoco comprendió el desaire de su cuñada con su madre, la reina Sofía, en la catedral de Palma. Ver cómo Letizia trataba a la emérita, le dolió muchísimo». Tiburcio asegura que «su ruptura fue muy tormentosa, y queda mucho rencor y dolor. Se siguen culpando el uno al otro de la separación. No han sabido dejar los rencores atrás y mirar más por sus dos hijos».

Los colegios

Victoria tenía siete años cuando sus padres se separaron. Los estudios nunca fueron su fuerte y ya de pequeña mostró ese carácter algo rebelde que la distingue. Lo recuerda una persona que estaba muy cerca de ella en su infancia, quien cuenta, entre risas, los episodios en los que la pequeña intentaba escapar de la escuela saltando por la ventana o incluso saliendo de ella por alguna puerta que no fuera la principal. Al pasar a cursos superiores, con doce años, los padres la enviaron a Mayfield, en Inglaterra, donde vivió durante tres años en un internado en el que había también una hípica, algo que sirvió de motivación a la joven. Porque, como su madre, Victoria siempre fue aficionada a montar, y concursó en campeonatos de salto. El deporte siempre ha estado muy presente en la vida de los hijos de los reyes eméritos. También aquí nos cuentan que la experiencia no fue del todo del agrado de la familia. «El internado se aprovechó del nombre de Victoria, de tener a la nieta de un rey entre sus alumnas, para publicitarse y para darse fama, y eso rompió por dentro a la niña, que se sintió utilizada. Esas cosas, que pueden parecer detalles tontos, han provocado que tanto Felipe como Victoria desconfíen mucho de la gente y que se lleven decepciones muy grandes cuando alguien los traiciona, que no son pocas veces».

El Mayfield St. Leonards, considerado como uno de los mejores internados de Europa, cuenta con un centro hípico, donde Vic logró disfrutar, decíamos, de una de sus pasiones: montar a caballo. Con grandes instalaciones y servicios exclusivos, la hípica es uno de los motivos por los que el internado costaba 35.000 euros anuales. Vic estudió allí durante tres años y a los quince decidió volver a Madrid, donde tuvo que cambiar de colegio porque repitió curso. La hija de la infanta Elena terminó sus estudios en Santa María del Valle, una escuela privada de El Viso, y después pasó a la universidad. Y para ello se matriculó en una escuela de negocios privada, la misma que había escogido su hermano.

La universidad

En 2019, Victoria empezaba sus estudios en The College for International Studies (CIS) de la calle Velázquez, un centro que cuesta alrededor de 20.000 euros al año, en el que la joven cursa (no hay pruebas de que haya terminado ya, y sigue yendo a clase, de vez en cuando, eso sí) la carrera de Administración, la misma que Felipe. Su llegada a los estudios superiores supuso un antes y un después, porque su imagen y su actitud empezaron a despuntar. Ya aparecía la Victoria que hoy conocemos.

Ser la nieta del rey Juan Carlos provocó que la joven fuera, junto con su hermano y la ya citada Alba Díaz, la alumna más conocida. Sus apariciones públicas se multiplicaban y sus looks, entre el *grunge* y el lujo, daban que hablar. Los estudiantes de la misma escuela enseguida supieron quién era aquella alumna que vestía con marcas como ellos pero con un estilo muy distinto, alejado de lo que se llama hoy el «look Cayetano». Zapatillas deportivas de marca (caras en su mayoría), combinadas con chándal y vaqueros rotos… nada que ver con la impecable camisa planchada que visten muchos de sus compañeros. Esa querencia por los medios en señalar sus looks fue uno de los motivos por los que la joven empezó a rumiar la posibilidad de dedicarse a la moda. Eso, y que su padre siempre ha estado vinculado a ese mundo desde distintas facetas.

Influencer

Y así, en octubre de 2021 llegaba el momento mágico, tanto para ella como para la prensa: Victoria abría sus redes sociales. Fue un pulcro proceso en el que trabajó de lo lindo. Borró muchas fotografías, colgó otras que no tenía… La joven abrió su cuenta de Instagram y se convirtió, de la noche a la mañana, en una *influencer*. Con un solo clic.

Descubrimos entonces que su vida era un no parar, que siempre estaba de aquí para allá, de Sevilla a Málaga, de Madrid a París. Un viaje a la capital francesa para ver los desfiles de la Semana de la Moda, vestida para la ocasión, con bolso de Dior incluido, en primera fila en el desfile de La Maison, donde cantó Katy Perry en directo. La joven lo grababa y colgaba en su perfil. No necesitaba nuevos seguidores para estar en primera fila, porque su padre era su llave de acceso. Además, entre sus amigos hay numerosos *influencers*, actores, músicos y artistas, algo que no es de extrañar si consideramos que su propia vida es como la de una *influencer*, de evento en evento, de conciertos a desfiles: un no parar, decíamos.

Lo hemos mencionado muchas veces, Victoria siempre ha intentado ser una más y entre los suyos lo ha conseguido, aunque el camino no ha sido fácil. Se ha escapado, ha corrido por las calles de Madrid para que no la encontrara nadie, ni sus padres ni siquiera sus escoltas. Los hijos de la infanta Elena han sido siempre los «rebeldes» de la familia, los sobrinos de Felipe VI más «gamberros», nada que ver con sus primos Urdangarin, por ejemplo, quienes han tenido a sus padres muy encima y son unos chicos extremadamente educados. Victoria y Felipe también han tenido una buena educación, pero esas ganas de ir a su aire y vivir la vida los han impulsado a llevar la contraria a sus padres más de lo que estos hubieran deseado. Y con un carácter fuerte, como el de sus padres, y con una juventud a flor de piel, se han encarado en alguna ocasión con la prensa, lo que les ha valido críticas y juicios que quizá no fueron del todo justos en su momento.

Durante la adolescencia, Victoria empezó ese proceso de independencia que causó más de un dolor de cabeza a sus padres, en especial a su madre, que intenta saber en todo momento dónde y con quién está su hija, tarea difícil desde que cumplió los dieciocho años. Una de las mejores cosas de llegar a esa mayoría de edad, apuntan sus allegados, es que pudo, por fin, desprenderse de los escoltas, policías que hacían las veces de canguro, controlaban sus horarios y la llevaban a todas partes, que a las órdenes de su madre no le permitían salir y hacer el loco todo lo que hubiera querido. Pero por mucho que quiera ser una chica normal, sabe que no lo es y no le gusta que la prensa husmee en sus redes. Por muy públicas que las tenga.

La evolución de Vic en Instagram, la red social que usa como *influencer*, fue espectacular. La joven pasó de tener escasos 3.000 seguidores a más de 45.000 en tan solo unos días. El 95 por ciento de los usuarios de Instagram son personas menores de treinta y cinco años y, de estos, el 75 por ciento son mujeres. Con estos datos sobre la mesa, un personaje como Victoria «es un *target* obvio», dicen los expertos. Porque, además, «es una persona que de alguna forma está relacionada con la moda, algo fundamental en esta red social». Ahora, años después de aquella sonada decisión, la joven cuenta con más de 252.000 seguidores en Instagram y su presencia es casi obligada en cualquier sarao que se precie.

Puesta de largo

Con su llegada al mundo de los *influencers*, Victoria abrió su vida a los medios. Su puesta de largo había sido el aperitivo de ese momento. Fue meses antes de hacer pública su cuenta en Instagram. El 21 de junio de 2019, exactamente, la nieta de los reyes eméritos celebraba con retraso su 18.º cumpleaños con una fiesta por todo lo alto que muchos de sus amigos, *influencers* como hemos dicho, se dedicaron a publicar en sus propias redes sociales.

La finca El Chaparral, de Majadahonda, fue el escenario de la fiesta que reunió a los amigos de la sobrina mayor del rey. Sobre las diez de aquella noche, algunos amigos de la protagonista comenzaron a publicar imágenes y vídeos que mostraron los secretos de la fiesta. En especial, el look de la hija de la infanta Elena, de la sobrina de Felipe VI, de la nieta de los reyes Juan Carlos y Sofía. Victoria lucía un vestido rojo, el clásico color que domina uno de los mejores diseñadores del país y uno de los más queridos por los miembros de la monarquía patria: Lorenzo Caprile. Fue Caprile el encargado de hacerle el vestido a medida, el mismo diseñador que se había encargado, años antes, de elaborar el traje de novia de su tía, la infanta Cristina. Carlos Ochoa, relaciones públicas del ocio nocturno de Madrid, fue el primero en colgar una imagen del vestido rojo pasión de la joven.

También las redes desvelaban que una de las invitadas fue Amina Martínez de Irujo, la hija de Cayetano y Genoveva Casanova. Su prima, Tana Rivera, era una de las grandes apuestas de los medios para la fiesta, ya que Victoria sí que había asistido a la puesta de largo de la hija de Francisco Rivera, en septiembre del año anterior, pero al final fue una de las grandes ausentes.

La fiesta se amenizó con comida japonesa, mexicana, embutidos españoles, quesos, cervezas... Todos estos productos se podían encontrar en el cóctel, que tuvo lugar en los jardines de la finca, antes de la cena que se celebró en el interior del pabellón. El catering corrió a cargo de Ciboulette, la empresa que habitualmente trabaja en El Chaparral, y que presume en su web de la calidad de sus productos y el cuidado que ponen en seguir la dieta mediterránea. Dos máximas que sin duda les dan resultado, ya que cuentan con opiniones muy positivas en la red.

Novios

El periodista Álvaro Rey realizó hace unos meses un recorrido detallado por la vida de todos los hombres con los que se ha relacionado a Victoria a lo largo de los años. Algunos son solo amigos, otros han sido mucho más. Aquí la lista al completo.

Gonzalo Caballero, el torero

Gonzalo Caballero, torero, fue el primer novio conocido de Victoria. Con el que había hecho *match* durante unos meses de 2019, y reaparecía en su vida a partir de junio de 2022 de manera muy continuada, haciendo saltar todas las alarmas. Ambos publicaban en sus redes sociales fotografías tomando algo por el centro de Madrid e incluso acudían juntos a una corrida en Cádiz, pero no cumplían con el refrán que reza «donde hubo fuego cenizas quedan», puesto que lo suyo no es más que una bonita amistad.

El diestro, que retomaba su carrera aquellos días tras una terrible cogida sufrida en Las Ventas en 2019, fue la primera pareja conocida de la joven. Además, Caballero, mediano de tres hermanos, antes de iniciar su andadura en el mundo taurino formó parte de las categorías inferiores del Real Madrid e incluso intentó estudiar Ingeniería informática. «Es maravillosa, con unos valores y una educación que harían que cualquiera se enamorara de ella», dijo sobre Victoria Federica a la revista *¡Hola!* Con todo, él parece no ser ese afortunado.

Jorge Bárcenas

El DJ Jorge Bárcenas ha sido el novio más formal que ha tenido Victoria, tanto que incluso se fueron a vivir juntos en el verano de 2021. Cada movimiento de la nieta mayor de los exreyes es escrutado por su familia y por la prensa, mientras ella —aseguran miembros directos de su círculo familiar— «está acostumbrada y no le importa» y lo que quiere, como el resto de sus amigos, es llevar una vida normal. Algo que con Bárcenas logró.

La joven se fue a vivir a casa de su novio, situada en el entorno del paseo de la Castellana, después de más de un año de relación. «Era un pisazo —comentan las mismas fuentes—, a él le va superbién en su trabajo, y la casa era ideal para ellos, en una buena zona y cerca de sus lugares favoritos». Aquel año, el siguiente a la pandemia, fue en el que ambos se mostraron más en público, hasta el punto de que cuando Vic celebró su cumpleaños, en septiembre, el DJ le dedicó un post en Instagram: «Espero haber podido hacer de tu día un cumpleaños un poco más bonito, ya que tú haces de mi vida una vida mucho más bonita. Gracias por absolutamente todo, te quiero mucho». A lo que ella le respondió: «El mejor compañero que se puede tener. Muchas gracias por como eres. Te quiero con locura!!!».

Procedente de una familia de clase media alta de Madrid, muy bien conectado con el mundo del espectáculo por su familia, el joven pasó de ser un DJ de moda entre los cachorros de la *high* a ser el novio de la sobrina del rey, lo que lo puso en el centro de la actualidad. Pasaron de mantener una relación discreta a posar incluso juntos en alfombras rojas. Una de esas apariciones fue en Barcelona, en un desfile de Pronovias, en abril de 2022, y los dos hablaron encantados con quien esto escribe, contentos de estar juntos y hasta bromeando sobre su exposición pública.

Vic, mucho más tímida que su novio, hablaba con cierto reparo hasta que se soltó. Consciente de que sus palabras podrían ser usadas en crónicas posteriores, no se dejó llevar hasta que supo que «lo que pasa en la fiesta de

Pronovias se queda en la fiesta de Pronovias». Entonces, comentaba las ganas que tenía de que su abuelo volviera a España y hasta daba permiso para que esas palabras se publicaran. En confianza y con discreción, alababa la ropa de su interlocutora, se tomaba algo con la cronista y aseguraba estar muy enamorada de su pareja pese a que los rumores de crisis ya sobrevolaban. Un mes más tarde, se anunciaba su ruptura.

Bárcenas, simpático y espontáneo, bromeaba entonces con la prensa y declaraba a quien esto escribe que no le importaba hablar con periodistas porque nunca ha tenido la losa de ser quien es sobre sus espaldas.

Y al final, decíamos, la relación se rompió después de casi tres años de noviazgo. Vic volvía a casa de mamá, y Bárcenas se quedaba solo en su apartamento. Pocas veces han hablado de su relación, casi nunca de su ruptura, aunque en una entrevista en Telecinco, poco después de la separación (en junio de 2022), el joven admitía que salir con alguien como la sobrina del rey no había sido fácil. «No quiero que cuando esté con alguien, y son mis amigos, estén tensos y sufriendo», declaró.

Santi Serra, el domador de caballos

También en 2022 los medios de comunicación ponían el foco en Santi Serra, una especie de mago con los caballos que posee su propia empresa de espectáculos, Sercam

Shows. Es definido como un tipo extravagante y amante de los animales, debido a su profesión. Su pasión por el universo ecuestre, la cual sumaba muchos puntos en común con la nieta del Rey emérito, empezó cuando era pequeño. Creció en una granja en Manlleu, donde había caballos porque su familia los criaba. Su padre, fallecido en 2013, era un *cowboy* que participaba en rodeos. Santi heredó de él el amor y la pasión por los animales y el riesgo, y empezó a trabajar en rodeos para hacer espectáculos con caballos en libertad. Como dato curioso, con este talento consiguió ganar el programa *Tú sí que vales* en 2012.

A pesar de sus múltiples cualidades, tampoco sentía mariposas en el estómago por la *influencer*. Lo aclaró en varias entrevistas, una de ellas, concedida a quien esto escribe: «Nos conocemos desde hace años, somos amigos del circuito ecuestre nacional. Victoria y su madre son grandes amazonas y personas muy amables y muy fáciles». Serra es el propietario de los caballos con los que Victoria posó en su primera portada en la revista *¡Hola!*

Willy Hernangómez, el jugador de la NBA

De forma repentina, el programa *Socialité* sumó a la lista de candidatos al jugador de baloncesto español de la NBA e internacional por la selección Willy Hernangómez. El pívot de 2,11 metros podía repetir la historia de su tía, la infanta Cristina, de incorporar a la familia real española un deportista de élite. Ambos se conocieron el 1 de junio de 2022 durante un evento y coincidieron durante ese verano en numerosas cenas de marcas. Además, no tenían reparos en hacer pública su complicidad a través de comentarios en las redes sociales. Alba Díaz Martín, amiga de Victoria Federica, no dudó en bromear con que esta se había comido parte del plato del jugador de baloncesto: «Pobrecito, arrasaste con su salsa teriyaki...», a lo que ella respondió: «Jajaja, bueno, no se la iba a comer, ¿a que no, Willy Hernangómez?».

A pesar de que estos gestos no hayan ido más allá de una buena amistad, el pívot de los New Orleans Pelicans contaba en 2022 en el programa *Martínez y Hermanos* de Movistar + que ya conocía a Felipe VI. «Fuimos a visitarle después de ganar la Supercopa. Estábamos en una sala enorme, la prensa se acababa de marchar y empecé como a marearme. Vamos, que tenía una resaca tremenda. Empecé a perder el equilibrio, me medio desmayé y tuvo que venir don Felipe a darme una Coca-Cola y unas galletas. Se me cayó todo encima de la alfombra. No sabéis la que monté en la casa», contó entre risas.

Àlex Recort, modelo y empresario

La revista *Semana* publicaba en verano de 2022 la relación de Victoria Federica con un empresario catalán llamado Àlex Recort. Sin embargo, fue la propia joven la encargada de desmentirlo, deshacer el *match* y romper la burbuja de amor creada por la publicación.

El joven catalán de veintitrés años es modelo de profesión, además de un empresario vinculado al ocio nocturno de Barcelona y gran amigo del futbolista Marc Bartra. Àlex Recort ha llegado a posar para firmas como Dolce & Gabbana, Dsquared2 y Armani Beauty y ha sido visto con la nieta del rey emérito en el cumpleaños de Santi Serra y un concierto de Sebastián Yatra. Aunque los jóvenes comparten muchas aficiones en común, como los toros, los caballos, los viajes y las noches de fiesta, y tienen muchos puntos positivos para convertirse en una pareja ideal, parece que la cosa por el momento no irá a mayores.

Miguel Jiménez Pimentel, el cofundador de una ONG

Por último, encontramos a su misterioso acompañante durante la corrida de Roca Rey en Las Ventas, con quien disfrutó de una tarde taurina en compañía y compartió el menú estrella de L'Entrecôte Café de París, además de muchas botellas de agua fría para combatir el calor del tendido. Se trata de Miguel Jiménez Pimentel, cofundador de la ONG Un Mismo Equipo, dedicada a conectar a empresarios con personas en situación de exclusión social con el objetivo de conseguirles un futuro laboral. El hombre, de treinta años y que acumula trece mil seguidores en sus redes sociales, compagina estas labores con algunos trabajos como modelo para marcas jóvenes y de estilo surfero. Una faceta de *influencer* compartida con Victoria Federica, aunque su pasión por los toros, los caballos y la música no ha sido suficiente para unirlos.

Albert Arenas, el piloto

Victoria Federica de Marichalar cuenta con un grupo de amigos en Barcelona que se han convertido en sus auténticos cómplices. Porque en sus estancias en la capital catalana, la sobrina de Felipe VI ha llegado a salir de su hotel tumbada en la parte de atrás del coche de sus «colegas» para que nadie pudiera verla. La hija de la infanta Elena tiene un nuevo amigo íntimo en la ciudad y no quiere que nadie lo sepa. Lo pudimos comprobar en unas imágenes que publicaba el medio *Libertad Digital*. La nieta de los reyes eméritos conoció a Albert Arenas entre finales de 2022 y principios de 2023. Se trata de un joven piloto de motociclismo nacido en Girona en 1996, que compite en Moto2, la misma en la que corría Ángel Nieto. Este joven es una gran promesa dentro del motociclismo español y desde hace meses también lo es en la vida de Vic. Deportista y muy divertido, Arenas vive en Barcelona desde hace años, aunque pasa gran parte de su tiempo subido en un avión, de campeonato en campeonato. Con todo, tiene tiempo para intimar con sus amigos, incluso amigas especiales, como la sobrina del rey.

Victoria viaja con frecuencia a la Ciudad Condal desde hace tiempo. Muchas de las veces lo hace para estar con su prima Irene Urdangarin, que desde Ginebra suele venir a España muchas más veces de las que la vemos públicamente. Todo lo cuentan personas íntimas de ambas primas, quienes señalan la buena relación que tienen y el nuevo grupo de amigos que han creado junto con el joven Albert Arenas.

La buena relación entre Arenas y Marichalar quedó patente en las fotografías que les hicieron unos paparazzi en febrero de 2023, en Madrid. Los jóvenes habían estado juntos todo un fin de semana en Barcelona, y a los pocos días, se encontraron en Madrid por la noche. Él fue a verla al acto en el que la nieta «real» fue a recoger un premio taurino en nombre del torero Roca Rey, gran amigo, y recogía el suyo propio en la categoría Juventud y Tauromaquia. Porque hay un punto en la biografía de Victoria que sirve para entender la influencia de su abuelo en su vida: además de ser aficionada a la hípica es una gran amante de la «fiesta». Es decir, le encanta el toreo y verla en una plaza es de lo más habitual. Por eso, entre otras cosas, su primer novio fue un diestro. No nos olvidemos de Arenas: después de aquella entrega de premios en Madrid, la pareja salió, con otros amigos, a cenar y a pasarlo bien, pero la actitud de ambos llamó la atención a los fotógrafos, que no sabían nada de la relación. Verlos cariñosos y alegres juntos fue algo que les hizo sospechar.

Albert Arenas, un chico nacido en 1996, es aficionado al surf, viajero y, según lo describen sus amigos en conversaciones con este medio, «un alma libre». Como Victoria, quien había declarado hace un tiempo que no tenía ganas de tener pareja, que quería estar sola y disfrutar de la vida. Por él y por la tranquilidad que vive en Barcelona, la hija de la infanta Elena ha escogido la capital catalana como base de operaciones. Allí se siente menos observada que en Madrid y mucho más tranquila. Su historia con Albert Arenas lleva meses fraguándose, llevaban meses viéndose y encontrándose en lugares secretos para que nadie los descubriera. Hasta que aparecieron las imágenes. Al principio la relación se cortó, porque Arenas se sintió perseguido por la prensa, pero las aguas volvieron a su cauce y los jóvenes se han encontrado más veces. Una de las últimas, en verano, en la Costa Brava. Y sin fotografías que lo atestigüen, lo que supuso un gran alivio para Victoria, que siente la presión mediática sobre sus espaldas y a veces le pesa demasiado.

La hija de Jaime de Marichalar y la infanta Elena ha tenido dos relaciones duraderas. La primera, con el torero Gonzalo Caballero, y la segunda, con el DJ Jorge Bárcenas, con quien sí se mostró abiertamente enamorada. Juntos vivieron durante dos años en el piso de él en el barrio de Salamanca de Madrid (algo que su padre, Jaime de Marichalar, desmintió pese a ser cierto y quedar comprobado después cuando rompieron). Victoria y Jorge empezaron a ser pareja a finales de 2019 y se separaron a principios de 2022 tras varios meses de crisis. Ahora, a pesar de que hemos visto a la única hija de la infanta Elena con amigos, ella se empeña en asegurar que no tiene pareja. Sus amigos siguen por la misma línea y afirman que esa alma libre que caracteriza a Vic sigue por la senda de la soltería. «La intensidad con Jorge fue mucha y ahora quiere pasarlo bien, sin ataduras», declaran. Victoria es una joven de veintitrés años que quiere disfrutar de la vida, como cualquier chica de su edad. A pesar de todo y de todos. Que así sea.

Entrevista a Elle

El 16 de marzo de 2022, la revista *Elle* publicaba la única entrevista que ha dado Victoria de Marichalar en su vida. Un encuentro en profundidad, donde la joven habló de todo y todos sin cortapisas. Célebre es la frase «Mi abuelo es mi persona favorita del mundo», algo que llenó de orgullo y satisfacción a don Juan Carlos, claro, quien desde la distancia pensó que así, sí. El reportaje iba acompañado de unas maravillosas fotografías de Mario Sierra, elegantes y clásicas, en las que la nieta de los reyes eméritos, sobrina de los actuales reyes, mostraba su lado desconocido y hablaba de sí misma.

La entrevista sorprendió a todos, pero no por sí misma, sino porque la joven se abrió a hablar de cuestiones que parecían prohibidas para una *royal* española, sobre todo en el momento en el que se realizaron las declaraciones: algo menos de dos años después de que su abuelo, el rey Juan Carlos, se marchara de España. En su primera y única entrevista hasta la fecha, Victoria habló también de la reina Sofía, y llegó incluso a verter lágrimas al recordar a su abuelo. Siempre se ha dicho de ella que es alérgica a los medios, que la vapulean por el trato que da a muchos periodistas. Rebelde y algo agresiva con los paparazzi y reporteros que la persiguen por las calles de Madrid, esta entrevista mostraba su lado más dulce y familiar. Su lado, por decirlo de alguna manera concreta, más *royal*.

Así pues, remarcó su buena relación con el abuelo: «Desde niña le he admirado, siempre le he visto como un hombre dedicado y espero que todo el trabajo y el esfuerzo que ha hecho durante toda su vida sea reconocido y estimado. Es mi persona favorita del mundo. A nivel personal es un referente, como para cualquier persona lo es su abuelo, eso es obvio, y le considero mi segundo padre, pero también para mucha gente en España ha sido importante, y lo sé porque se acercan para decírmelo».

La admiración que Victoria dijo sentir por don Juan Carlos es la que sienten el resto de los primos Marichalar y Urdangarin. El rey expatriado es su referente en todo, siente una admiración total por él. «Sigue siendo mi mayor fuente de inspiración. Lo será hasta que me muera», dice. Y confirma que su pasión por los toros es algo que les ha unido mucho: «Una tarde en la plaza junto a mi abuelo forma parte de los momentos más especiales de mis recuerdos que guardo con infinito cariño».

Sobre las mujeres de su vida también tuvo unas palabras, en especial para sus abuelas, doña Sofía y Concepción Sáenz de Tejada. Ambas son a su vez, según dijo, sus «mayores referentes». Y lo son porque «han demostrado a lo largo de su vida, con sus actitudes, una gran sensibilidad a la hora de involucrarse en causas benéficas y darles voz. Nada me gustaría más en un futuro que seguir sus pasos y conseguir llevar a cabo proyectos tan relevantes como los que ellas han apoyado». Es más, aprovechó el momento para informar de que uno de sus bolsos preferidos, un icónico Chanel que luce siempre con orgullo, es herencia de su abuela materna.

Juan Urdangarin

En la habitación de Irene en su casa de Ginebra cuelgan fotos de toda la familia, y quien más aparece es Juan, su hermano mayor. Nos lo cuentan quienes han visitado a la infanta Cristina en Suiza, quienes conocen a la familia desde dentro: Juan es el héroe, payaso y sensible, inteligente y bonachón; es un tipo especial a quien sus hermanos adoran… Sus hermanos y sus primos, los Marichalar, con quienes mantiene una relación que es casi de hermandad.

De los cuatro hermanos Urdangarin de Borbón, Juan es quien vivió más intensamente todos los problemas de sus padres tras la imputación de Iñaki y Cristina en el caso Nóos. Entraba en la adolescencia y sufrió tanto en el colegio como en la calle el acoso de los medios y de aquellos que años atrás le habían adulado por ser quién es. Es difícil entender que los amigos te dejen de querer, sobre todo cuando nada has hecho para que eso cambie. Juan, Juanito, se blindó y se encerró en su propio mundo para poder sobrevivir al que le rodeaba.

Ya adulto, terminó sus estudios en Ginebra con una fiesta de graduación familiar a la que acudieron sus abuelos maternos (los reyes eméritos, claro) y su abuela paterna. Después decidió pasar un año de voluntario con una ONG, que es su verdadera vocación, y superada la crisis judicial, decidió mudarse a Madrid para estar cerca de la cárcel de Brieva, Ávila, en la que su padre cumplió dos años y medio de prisión. Pero ese acercamiento se truncó cuando Urdangarin le fue infiel a la infanta y las fotografías aparecieron en la revista *Lecturas* rompiendo la paz familiar. Entonces Juan se sintió traicionado y el enfado le duró un buen tiempo. Licenciado en Relaciones Internacionales por la Universidad de Essex, instalado ya en Londres, con un buen trabajo en la empresa Extreme E de Alejandro Agag, el primogénito de Cristina de Borbón vive a su aire.

Nacimiento

Cuando Juan Urdangarin nació, la familia real al completo se trasladó a Barcelona para acompañar al matrimonio formado por la infanta Cristina e Iñaki Urdangarin para la llegada de su primer hijo. Corría 1999 y la clínica Teknon se convirtió en el foco de las noticias de aquellos días.

Terminaba ya la temporada de verano —Juan nació el 29 de septiembre— y empezaba el curso político enfocado en el cambio de milenio. Entonces se hablaba del efecto 2000 y todos andábamos —quienes ya habíamos nacido, claro— preocupados por lo que conllevaría la llegada del nuevo milenio. Se habló del fin del mundo —sucede con los cambios de milenio y con muchos más acontecimientos—, y se habló del efecto por el que los ordenadores dejarían de funcionar. No sucedió nada. Como nada sucedió en los primeros años de la vida de Juan Urdangarin. Nada al menos reseñable para el gran público. Aquel siempre fue un niño bueno, querido y alegre, lo que se dice un niño feliz, que pronto tuvo varios hermanos a quienes ha querido siempre con una profundidad fuera de lo normal. Lo que nadie podía imaginar es que a los doce años, el pequeño Juanito viviría los momentos más duros de su vida.

Cuando nació el primer hijo de la infanta Cristina e Iñaki Urdangarin, lo tuvieron claro desde el principio: Juan iba a tener de padrinos a la infanta Elena y a Mikel Urdangarin. Los hermanos de ambos son además grandes amigos y personas de su total confianza. Y así es como se han comportado como padrinos de los chicos. A Juan se le puso el nombre por sus dos abuelos, el rey y el padre de Iñaki, y se añadió Valentín de segundo nombre en memoria de san Valentín Berriochoa, dominico misionero, tío de una abuela de Urdangarin que nació en Elorrio y murió, mártir, en Indochina en el año 1861.

El abismo

El 29 de diciembre de 2011, mientras la familia Urdangarin de Borbón esquiaba en Aspen, Iñaki era imputado por corrupción. Y nada iba a ser lo mismo en sus vidas. Nunca jamás. Ya se habían tenido que ir a vivir a Washington, para alejar a Urdangarin padre de las sospechas que empezaban a cernirse sobre su cabeza. Ese cambio fue duro para todos, en especial para Juanito, un chico más tímido e inseguro que el resto, a quien salir de la zona de confort no le resultaba fácil. Pero lo más difícil no había llegado.

Tras la aventura americana, la familia se mudó a Barcelona y los pequeños volvieron al colegio de siempre, al Liceo Francés, donde la infanta Cristina e Iñaki Urdangarin pensaron que sus hijos estarían a salvo. Volvían al lugar que había sido su cuna. Ya lo dice Joaquín Sabina: «Al lugar donde has sido feliz, no deberías tratar de volver». No sabemos si la infanta Cristina e Iñaki Urdangarin son fans del jienense afincado en Madrid, pero seguro que esa frase les sonaba. Si no es así, tras su vuelta a Barcelona, el lema les quedó claro. Porque en la capital catalana pensaron que encontrarían el apoyo y cariño que siempre habían tenido. Nada más lejos de la realidad. Los niños, cuántas veces se oye esa frase, son crueles, y con Juanito se cebaron. «Yo no sé si fue acoso escolar, pero lo que sí te puedo decir es que me dio vergüenza ver lo que sucedía —comentaba en aquel entonces una amiga de los exduques de Palma a quien esto escribe—. Fue alucinante ver cómo al principio se formaban corros a su alrededor, que había cola para ser sus amigos. Todos querían que sus hijos alternasen con los nietos del rey. Y, de pronto, empezó a hacerse un vacío que terminó en la más absoluta marginación. Increíble. Y, claro, los niños oyen las cosas en casa y al final quienes más sufrieron fueron los pequeños. Los insultaban en el patio y no lo podían soportar. Por eso se fueron». Una madre cuyo hijo compartía curso con Juan lo recuerda a la perfección: «Yo recuerdo ver a Iñaki en un rincón en la función de Navidad. Ese fue el último año que los niños estuvieron en el colegio. Daba cosa verlos».

Solos, el matrimonio Urdangarin y sus cuatro hijos no encontraban consuelo y decidieron marcharse. Se instalaron en Ginebra y allí la vida de Juan se convirtió en un bálsamo. Todos estudiaron en la École Internationale de Genève (conocida como Ecolint), uno de los colegios más elitistas de la ciudad. Son 30.000 euros anuales por hijo, cantidad a la que hay que sumar un puñado de gastos extras. Cierto es que en Suiza hay internados en los que esa cantidad se paga al mes, escuelas estrictas en las que los estudiantes son los hijos de algunas de las familias más poderosas del mundo. Ese no es el caso de la Ecolint, aunque sí que forma parte del círculo exclusivo de colegios escogidos por las élites internacionales.

Juan Urdangarin de Borbón se graduó 2017. En aquel momento los líos familiares ya eran algo asumido por todos. Su abuelo, el rey Juan Carlos I, había abdicado tres años antes en favor de Felipe y este, ya como Felipe VI, le había retirado el título de duquesa de Palma a la infanta Cristina. Es decir, se pasó de la armonía a la infelicidad familiar.

Lejos quedaban aquellos tiempos de placidez y amor en los que los cumpleaños se celebraban a lo grande. Épocas en las que los abuelos, sobre todo los Urdangarin llegados desde Vitoria y la reina Sofía desde Madrid, viajaban a Barcelona para celebrar las fiestas de sus nietos en el grandioso jardín de la casa de Pedralbes que los duques (entonces todavía duques) habían comprado dejando a todos boquiabiertos. Esa mansión y su llamativa reforma fueron el primer paso hacia sus desgracias. Los gastos estaban por encima de sus posibilidades y para sufragarlos, en parte por ese motivo, Iñaki se metió en un jardín del que no supo o no quiso salir.

Nueva crisis

Volvamos a la felicidad: las fiestas eran el gran momento de la infanta y su marido. Siempre les gustó socializar y compartir con su círculo, que entonces era enorme y estaba volcado en ellos. En los cumpleaños infantiles había globos, payasos, magia… Una época dorada que queda lejos en la actualidad: la familia trató de recomponerse del paso de Urdangarin por prisión pero ninguno de los dos, ni la infanta ni su exmarido, lo han superado. Para olvidarse hasta de sí mismo, él dejó a su mujer por otra. ¿La respuesta de ella? Vivir en permanente enfado con quien ha sido el amor de su vida. Los hijos, ya mayores y sobrados de experiencia ante los golpes, lo vivieron todo con cierto aplomo.

Acaso Juan fue quien sufrió la mayor decepción cuando supo que su padre le era infiel a su madre con una compañera de trabajo. Acaso por ese motivo estuvo un tiempo sin verlo. Acaso el abrazo que se dieron después de largos meses fue la constatación del amor paternofilial y del gran corazón de Juan. Porque de ese gran corazón hablan todos y cada uno de quienes lo conocen o lo han tratado. Ese abrazo quedó plasmado en unas fotografías que realizó Manuel Pinilla, uno de los mejores paparazzi de España, un histórico que conoce a la familia como la palma de su mano.

Juan no estuvo en Bidart el verano de 2022, el mismo en el que su madre decidió pasar unos días en el pueblo en el que siempre había pasado los veranos con Iñaki y toda la familia Urdangarin, aunque ese fuera el primero que vivía separada de su marido. Poco antes, sus hermanos Pablo y Miguel se habían ido unos días con su padre a Formentera y allí tampoco estaba Juan. Ese mismo verano sí que estuvo, en cambio, en Estados Unidos con su madre y con sus hermanos. Los hijos de una de las hermanas de Iñaki Urdangarin, Cristina, afincada en Minnesota desde hace décadas, se casaron en Chicago y fue la infanta Cristina quien viajó junto a su exfamilia política. Lo hizo acompañada y arropada por sus cuatro hijos. Mientras, Urdangarin se quedaba en España (es casi imposible que una persona en régimen de libertad condicional consiga el permiso para viajar a Estados Unidos), preocupado por su relación con sus hijos.

Aquel mes de septiembre de 2022 fallecía además el instructor de esquí de toda la familia, Eduardo Roldán, alguien que era como uno más. El funeral se celebró en Huesca y hasta allí se desplazaban tanto la infanta Cristina como Iñaki Urdangarin, ambos acompañados por Pablo y Miguel. De nuevo, los dos medianos, sin Juan. No fue hasta finales de septiembre de 2022, es decir, días antes de que Juan cumpliera los veintitrés, cuando Juan e Iñaki se volverían a encontrar. Por aquel entonces, hacía semanas, por no decir meses, que el exduque de Palma no se reunía con sus tres hijos varones a la vez. Barcelona, de nuevo, se convirtió en el escenario del reencuentro. Urdangarin padre llegaba a Barcelona, donde coincidía con sus tres hijos: Pablo, Miguel y Juan. Juan... Con él no había tenido demasiado trato en los últimos meses, por lo que el reencuentro fue especial, sentido. Se pudo ver en el profundo abrazo en el que padre e hijo se fundieron al encontrarse y al despedirse.

Cómo es Juan

«Juan siempre fue el hermano tímido y reservado, en las fiestas hablaba poco, se mezclaba solo con los niños que conocía, es muy distinto de Pablo y Miguel, que siempre han sido más pillos y bromistas —cuenta una amiga del matrimonio de sus años barceloneses—. El momento crucial en la vida de Juan fue cuando su padre fue acusado. En el colegio, la infanta pasó de ser el centro de atención a ser una apestada. Un día, en un partido de baloncesto, a Juan lo empezaron a insultar otros niños, lo llamaban "chorizo" y le decían que acabaría como su padre. El chico se puso a llorar, fue entonces cuando decidieron marcharse». «Siempre ha sido un niño sensible, tranquilo y muy cariñoso, es un chaval muy majete, quizá siempre fue un poco infantilón, muy sensible además, pero muy majo. Eso sí, sentía mucha presión encima por ser el mayor», dice otro amigo.

Los niños Urdangarin Borbón se han educado como una familia normal, dentro de lo que cabe, claro. «La madre estaba siempre encima, les decía que dieran las gracias y pidieran las cosas por favor. Los llevaba de aquí para allá, siempre cariñosa, atenta y muy pendiente de todo —recuerda una amiga barcelonesa—. Iñaki siempre hacía bromas, jugaba con ellos, era un matrimonio feliz con unos hijos cuidados, queridos y muy educados». En uno de los cumpleaños de la hija de esta amiga que habla, la infanta, su marido y sus hijos le regalaron un ejemplar del *Quijote*. «Sus regalos siempre eran educativos, cuidados, pensados para que el niño fuera mejor», afirma. Lo curioso es que regalar quijotes parece que es una tradición familiar, puesto que el rey Felipe VI suele hacer ese regalo a sus ahijados, que son unos cuantos.

Lo decíamos: la vida de esta familia ansiosa de normalidad dio un vuelco irreversible en el momento en el que imputaron al *pater familias*, Iñaki Urdangarin. Entonces empezó un calvario que no ha terminado todavía: cuando se escriben estas páginas, los exduques de Palma siguen enfrascados en las disputas económicas que les impiden cerrar un acuerdo de divorcio. Disputas que, por cierto, afectan al resto de la familia.

Mientras, los hijos del matrimonio van haciendo su vida. Juan, como casi todos, puso tierra de por medio. Mudarse a Washington y después a Ginebra le enseñó que «ojos que no ven, corazón que no siente». Una vez terminado el bachillerato, el joven eligió pasar un año sabático, sin estudiar, centrado en la cooperación. Tras ese periodo, se matriculó en la Universidad de Essex para cursar la licenciatura de Relaciones Internacionales, que terminó a los tres años (es el tiempo que duran las licenciaturas en el Reino Unido; después, los estudiantes suelen matricularse en algún máster para especializarse). Tras vivir en varios lugares, incluido Madrid unos meses, Juan se instaló definitivamente en Londres y es en la capital británica donde hace su vida, tranquila y discreta.

Su vida en Londres

La vocación de Juan siempre ha sido la cooperación, y en eso trabaja ahora desde la capital británica, en la empresa de Alejandro Agag. Allí, el hijo de la infanta Cristina e Iñaki Urdangarin tiene un empleo de categoría júnior en la empresa Extreme E, una creación del expolítico del PP y yerno de José María Aznar y Ana Botella que pretende fomentar el uso del coche eléctrico.

Y en esas está el primogénito de los Urdangarin de Borbón. El marido de Ana Aznar Botella fundó hace unos años esta línea de competición con tintes ecológicos, algo que casa muy bien con la experiencia y las aficiones de Juan Urdangarin. El primogénito de la infanta doña Cristina fijó su residencia en Londres, tras licenciarse en la Universidad de Essex, como hemos comentado más arriba. Entonces buscó trabajo en algo relacionado con sus estudios y, sobre todo, con su querencia por las causas sociales. Y la visión ecológica de Agag le va como anillo al dedo.

La función en la que está empleado Juan, que tiene parte de logística, se centra en fomentar el uso del coche eléctrico, tanto en países desarrollados como en países en vías de desarrollo. La revista *¡Hola!* publicaba en julio de 2023 unas fotografías de Juan Urdangarin en Córcega en las que se le podía ver en un estand de la organización de las carreras, con una gorra negra y un polo con logos de la Extreme E. Estaba trabajando en la organización del X Prix en Capo Teulada como ayudante de producción. «Se trata —informaban las fuentes consultadas— de empezar desde abajo para ir tomando conciencia de lo que es un empleo, los horarios, las responsabilidades y todo lo relacionado con el mundo laboral». Juan Urdangarin está «muy satisfecho con la gran experiencia en cooperación internacional que le permite desarrollar su empleo». Viaja por el mundo organizando eventos y reuniones en los que se muestran las ventajas de este tipo de automóviles para implantar su uso de manera generalizada.

Este ejemplo, el de Juan, se suma al de sus primos y al de sus hermanos, con lo que la familia respira tranquila. Lo aseguran desde dentro, desde las tripas familiares de las infantas y los reyes eméritos: «Ha sido lento, como en todas las familias, pero poco a poco han ido encontrando su lugar, se han hecho mayores y son todos conscientes del papel que les toca jugar, les guste o no. Es injusta la forma en la que los tratan, en la qué la gente y la sociedad los mira, pero seguiremos esforzándonos para conseguir que den ejemplo y se conviertan en un referente. Y no solo por ellos sino por su familia». Y que se conviertan en dignos de admiración de su abuelo, siempre del abuelo, omnipresente en su vida, tanto por ayudarlos a sufragar sus estudios como en ayudarlos a dar los pasos que considera oportunos: «Hay que buscar la verdad, el espíritu de su abuelo es que los chicos vayan saliendo adelante en la vida, cada uno con sus recursos, no está para pagar caprichos ni nada parecido. Lo que quiere es que encuentren su lugar. Como en una familia normal, hay que verlos siempre desde ese punto de vista. Estos chicos tienen buen corazón y saben lo que vive su abuelo, el peso que tienen de responsabilidad y de su familia. A su abuelo lo adoran, es como su segundo padre y lo tienen en un pedestal».

Y así va Juan Urdangarin, ya en el camino de su vida adulta, con un trabajo que le ha atrapado especialmente por su vertiente más solidaria. En la empresa de Alejandro Agag, puede desarrollarla de forma plena. La vocación de Juan ha sido siempre la cooperación, y en eso trabaja ahora desde Londres, en una vertiente, además, que le era desconocida al principio. «Se trata de que aprenda y disfrute y está en ello», aseguran esas mismas fuentes, quienes manifiestan la satisfacción de la familia por ver a todos los nietos de don Juan Carlos y doña Sofía con el futuro encarrilado.

Muchos medios lo situamos en Madrid durante épocas, dando por hecho que vivía en la capital de España porque al terminar su año de voluntariado pasó unos meses en ella. Quería estar cerca de su padre, entonces preso en la cárcel de Brieva. Era el año de la pandemia, 2020, y las universidades británicas favorecieron el estudio a distancia, por lo que Juan se trasladó a Madrid para estar cerca de su padre y de su familia. Pero la estancia fue corta y decidió volver a Inglaterra, donde vive una existencia totalmente anónima.

Su pasión por la solidaridad, la cooperación y la ayuda a los demás es algo que ha heredado de su madre, quien, como directora del Área Internacional de "la Caixa", dirige distintos proyectos de cooperación alrededor del mundo. Centrada también en la vacunación infantil, la infanta Cristina lidera misiones en países tan dispares como Perú, la India y Mozambique, que visita con frecuencia.

Así, Juan sigue la estela de su madre, y además de haber trabajado como voluntario en la India y en Camboya con varias organizaciones, aprovechó los meses que estuvo en Madrid para colaborar con una organización no gubernamental como voluntario. Fue en 2020, el año de la pandemia, y la entidad, Entreculturas, habló con este medio para informar sobre la actividad del joven Urdangarin en su día a día. «Está muy comprometido con sus estudios, por eso nos pidió que su voluntariado estuviera asociado con las relaciones internacionales, porque es lo que él estudia».

Juan dedicó dos semanas a realizar un informe sobre la vuelta a las escuelas de forma digital en el mundo, en especial en Latinoamérica, donde la ONG tiene varios proyectos. «Se enfoca en lo suyo, le gusta mucho, y trabajó con intensidad», añadían desde Entreculturas. Su anterior experiencia como cooperante le facilitó el acceso a ese trabajo, tal como confirmaban en sus declaraciones.

La entidad lo contrató, entre otras cosas, porque tenía experiencia en el sector: «Nos dijo que había hecho un voluntariado en Camboya con los jesuitas, hace un tiempo, y nos pareció positivo que estuviera con nosotros». Una colaboración que no se alargó en el tiempo porque «Juan tenía que irse al extranjero». Fue entonces, a finales de 2020, cuando volvió al Reino Unido para terminar su carrera y, una vez licenciado, se instaló en Londres.

La vida de Juan en estos momentos es la de cualquier chico de su edad, normal y centrada en el día a día. Comparte piso en la capital con un par de amigos y con ellos lleva una vida tranquila: trabajo, salir a tomar algo, alguna actividad cultural, algún viaje y poca cosa más. Sus padres le han visitado varias veces, sobre todo la infanta Cristina, que ha viajado al Reino Unido en múltiples ocasiones. Porque además de Juan, su tercer hijo, Miguel, también vive en el país.

El mayor de los Urdangarin es quizá el más introvertido de todos, y uno de los más queridos. Quienes lo conocen desde hace años así lo aseguran. Las diversas fuentes consultadas hablan de un chico con un corazón enorme, admirado y querido por sus hermanos y primos, generoso y volcado en la familia. Es deportista, como todos sus hermanos, y de pequeño quiso ser esquiador profesional, algo a lo que sus padres se negaron porque querían que se centrara en los estudios.

Esa situación lo llevó a retrotraerse más y los amigos de sus padres, que durante años han compartido comidas y experiencias con ellos en Barcelona, aseguran estos días que siempre fue un tipo sensible. Por este motivo alejarse de los focos ha sido la mejor opción para él y, según añaden, seguirá instalado en Londres todo el tiempo que pueda.

Pablo Urdangarin

Un pequeño detalle que se escapa del ojo ajeno puede servir para definir a un individuo. Incluso a toda una familia. En el caso de los Urdangarin, fue cuando su padre obtuvo uno de sus primeros permisos carcelarios, cuando una escena que pasó desapercibida podría definir cómo son y cómo se relacionan. Era invierno de 2021 y la familia al completo se trasladó a Vitoria, donde dieron un paseo que supuso un baño de masas. El matrimonio se mostraba feliz, incluso demasiado si tenemos en cuenta que no lo eran, y sus hijos caminaban rodeándolos. Las cámaras de los fotógrafos disparaban como si se tratara de una final olímpica de 100 metros lisos, nada debía escaparse al objetivo. Y aquel detalle quedó enterrado entre tantas fotos.

La pareja entraba en la casa familiar de los Urdangarin en Vitoria y Juan caminaba junto a ellos. Delante, los hijos medianos, Pablo y Miguel, hacían lo propio. Pero si alguien se fija bien, verá cómo ambos andan con las rodillas dobladas y las manos en los bolsillos, un andar cómico que hizo reír al mayor, quien se guardaba las risotadas para cuando estuvieran todos en casa, solos, y poder partirse de la risa sin cámaras que los filmaran. Pablo y Miguel, los guasones, y Juan, el mayor, de «miranda». Irene, siempre allí, nunca con un pelo fuera de sitio ante la prensa. Los detalles, pues, nos contaban cómo son los hijos de los exduques de Palma. Porque, a diferencia de los Marichalar, los Urdangarin siempre han vivido protegidos de los medios, sobre todo por la distancia. Vivir en el extranjero es lo que tiene, que se olvidan de ti.

Aunque no siempre. Porque de pronto, descubrimos a Pablo. Corría febrero de 2022 y su padre aparecía en la portada de la revista *Lecturas* de la mano de una mujer que no era la suya. El bombazo abrió incluso los telediarios, para que luego digan algunos descreídos que la vida privada de los poderosos no tiene repercusión. Claro que la tiene, define sus pasos, su pasado, presente y futuro. Bien, la portada de marras provocó el desconcierto en el entorno directo de la pareja. ¿Quién narices era esa mujer? ¿Una prima? ¿Una sobrina? Nada, ilusos, era su amante, y la infanta Cristina no sabía nada. Ni la infanta, ni los amigos de Iñaki ni su familia ni nadie.

Los medios querían saber, por lo que nada más sencillo que preguntar a una fuente directa: el hijo de la pareja. El segundo hijo, Pablo, que vive en Barcelona desde hace unos años, cuando fichó por el filial del FC Barcelona de balonmano, deporte que practica de forma profesional. Aquel día el chaval había ido a la peluquería a la que la familia era asidua, una franquicia de Llongueras situada cerca del paseo Manuel Girona de Barcelona. Ya estaba acostumbrado a los periodistas, a quienes incluso conocía porque la capital catalana cuenta con pocos famosos golosos en sus filas y con su mudanza a la ciudad, Pablo Urdangarin se había convertido en un auténtico caramelo.

Aquella mañana desayunó con las fotografías de su padre, con quien habló tras conocer la noticia. Su madre, hundida, no pudo contestar al teléfono. Así que Pablo habló ante los medios y confirmó lo que todos sospechaban, sí, que «son cosas que pasan». La frase ha pasado ya a los anales de las separaciones *royals*. Fue el hijo quien pronunció unas palabras que horas más tarde pronunciaría exactamente igual su padre. A las puertas de Imaz y Asociados, donde trabajan tanto él como su novia, respondió a la prensa que eran «cosas que pasan». A partir de aquel día, Pablo Urdangarin se convirtió en el chico perfecto: guapo, educado, amable y siempre bajo control. Lo que pocos sabían es que el joven sufría, claro que sufría. Pero como él mismo dijo a los suyos, estaba preparado para esto.

Cuando sus compañeros le preguntaron por cómo se sentía ante la avalancha de prensa que se le vino encima cuando sus padres volvieron a la actualidad más mediática, él les respondía con resignación que era normal, que se había preparado toda la vida para momentos como ese. No es difícil de imaginar: ya desde pequeño todo lo que hacía era captado por las cámaras.

Nacimiento

Pablo Nicolás Urdangarin de Borbón nació en la clínica Teknon de Barcelona a las 22.50 del 6 de diciembre de 2000. Pesó 3,8 kilogramos y midió 54,5 centímetros. «Ha sido maravilloso. Se parece a Juan, aunque es más chillón que él». El padre daba una rueda de prensa de madrugada después de recibir en la clínica a su suegra, la reina Sofía, y su cuñada, la infanta Elena, quienes llegaron al centro sanitario minutos después del nacimiento del bebé. «Los dos están perfectamente. La infanta ha tenido un parto normal que ha sido muy rápido, ya que ha durado unas dos horas y media», contó el ginecólogo, Manuel García Valdecasas.

Aquel día, Urdangarin padre dejó claro cuál es su carácter guasón, el mismo que han heredado algunos de sus hijos. El niño había nacido el 6 de diciembre, y él bromeó con los nombres del bebé. Pablo era «por decisión de los dos», Nicolás por ser el santo del día del nacimiento. «Habíamos pensado en ponerle Constitución por coincidir con el día», soltó Urdangarin, quien después recordó que habían escogido Pablo porque era el nombre del abuelo de la infanta, el rey Pablo de Grecia. Según el decreto constitucional aprobado en 1987, Pablo, al igual que su primo Felipe y su hermano, no es infante, pero, al igual que sus hermanos y sus primos, es considerado grande de España y su tratamiento es de excelencia, o de señor. Ese tratamiento es, además, de por vida.

Todos los gestos de la familia real y la familia del rey, como vemos, están medidos al detalle. También la elección de padrinos para los nietos del que fuera rey, sobrinos del actual monarca. Pablo, como el resto de sus primos, fue bautizado en el palacio de la Zarzuela con aguas traídas del río Jordán. Para apadrinar a Pablo, sus padres eligieron al príncipe Kubrat de Bulgaria, íntimo amigo de la infanta, y Alexia de Grecia, sobrina de los reyes eméritos y una de las personas más cercanas a doña Cristina. En aquel momento, además, ambas vivían en Barcelona y sus parejas se han llevado siempre muy bien.

La infancia del pequeño Pablo, rubio como el trigo, fue tan plácida que algunos atrevidos podrían incluso calificarla de aburrida. La infanta Cristina quería ser normal y sus hijos vivieron una infancia de lo más ordinaria. Siempre desde el privilegio de ser, claro, los nietos de los reyes. Todos empezaron sus estudios en el Liceo Francés de Barcelona, una escuela de currículum galo tutelada por el Estado francés y situada en el barrio de Pedralbes, el más elitista de la ciudad. Al principio vivían en la avenida que da nombre al barrio, pero pronto el padre de familia, que había empezado algunos negocios, quiso encontrar una casa más alejada y mucho más lujosa. Así empezó el calvario. Con unos ingresos cada vez más abultados (y también más sospechosos), los duques de Palma se compraron una mansión, el famoso y mal llamado palacete de Pedralbes, que terminó siendo su condena. Demasiado caro (6 millones de euros más otros 5 en reformas, así *grosso modo*) y demasiado difícil de pagar legalmente para un matrimonio que debía rendir cuentas ante el público.

La vida de los pequeños transcurría ajena a los desmanes del padre. Jugaban al tenis en el Real Club de Barcelona, cuna de los mejores deportistas de esta disciplina, como la saga Sánchez-Vicario y Rafa Nadal. Eran socios de honor, es decir, no pagaban cuota. Esquiaban en Baqueira Beret, donde pasaban buena parte de las vacaciones y descansos invernales y donde hicieron un buen grupo de amigos de la alta burguesía catalana. Los cuatro niños aprendieron a esquiar con cursillos de invierno que cada año costaban unos 600 euros por niño. Iban a misa a la iglesia de Sant Vicenç de Sarrià, donde los pequeños estudiaron catequesis. Cenaban, salían a tomar algo y celebraban fiestas sin que nadie los persiguiera. Era su particular oasis catalán.

Hay momentos célebres en la vida de esta familia. Como cuando una de las mejores amigas de la infanta, Victoria Fumadó, celebró su cumpleaños con un fiestón en Luz de Gas y la infanta se pasó la noche vigilante a ver con quién hablaba su marido. Nunca estuvo tranquila porque siempre supo con quién se había casado. Con sus amigos esquiadores mantienen contacto. Algunos de ellos recuerdan cómo todos los niños eran superdeportistas y que era Juan quien más disfrutaba con los descensos. Incluso les pidió a sus padres —«les rogaba», recuerdan entre risas cariñosas— que lo dejaran participar en competiciones. Pero los entonces duques de Palma no podían con todo: Juan jugaba al baloncesto y Pablo se dedicaba, desde pequeño, al balonmano. En tierras catalanas siempre estuvo en las filas del Esplugues, un club que todavía lo recuerda con mucho cariño. Quién les iba a decir a ellos que el chaval acabaría siendo jugador profesional, como su padre. En verano de 2023 Pablo fichó por el Granollers, el tercer mejor equipo de España, lo que supone que participará en la Liga Asobal y puede que también en la europea.

Para llegar hasta aquí, el joven ha pasado por muchos clubes, sobre todo desde que sus padres se mudaron de forma definitiva a Ginebra. Recapitulemos: cuando la familia se fue a vivir al palacete de Pedralbes, las sospechas sobre los movimientos económicos de Urdangarin empezaron a llegar a las redacciones de los periódicos, por lo que la Casa Real los mandó a Estados Unidos. Con un cargazo en Telefónica, Urdangarin parecía satisfecho. Se marcharon en 2009 y en 2011 el caso Nóos llegaba para quedarse: en diciembre imputaban al duque. A los pocos meses, la familia volvía a España y los niños se matriculaban de nuevo en el Liceo Francés de Barcelona, donde lejos de ser recibidos con cariño, se encontraron un ambiente hostil que se hizo insoportable. Lo hemos contado en el caso de Juan y podemos decir que, en menor medida, se repitió en el caso de Pablo. Así que la infanta y su marido decidieron hacer las maletas y marcharse al lugar más lejano y blindado posible: Suiza.

Con la vida establecida en Ginebra, Pablo siguió con sus estudios y cuando se graduó de bachillerato, quiso probar suerte en el balonmano. La tuvo.

Pablo y el balonmano

En 2019, con tan solo diecinueve años, Pablo fichó por su primer equipo de balonmano. Fue en el segundo equipo del TSV Hannover-Burgdorf, una gran oportunidad laboral por la que abandonó el nido. En aquellos días el padre ya no vivía en la casa familiar en Ginebra: estaba preso en Brieva. Antes de la fatídica entrada en prisión, Urdangarin se había convertido en la persona responsable del hogar. Sin trabajo, juzgado y condenado —fueron casi seis años, de los que cumplió encarcelado dos y medio—, se dedicaba a llevar a los hijos al cole, a cocinar y a salir en bicicleta. El deporte siempre ha estado presente en la vida de los Urdangarin, y fue precisamente el deporte el que, en parte, ayudó a Iñaki a sobrevivir en prisión. Algo parecido sucede en la vida de Pablo: el deporte lo salva de todo. En el Hannover, encontró en el equipo el apoyo y el cariño que necesitaba. Un año más tarde, con casi veinte años, cambió de equipo y se trasladó a Francia: fichó por el segundo equipo del Nantes, uno de los grandes de la liga gala.

Los inicios semiprofesionales de Pablo fueron en la ciudad de Burgdorf, de la municipalidad de Hannover, donde el joven pudo adentrarse en el mundo que le apasiona y, de paso, alejarse de los problemas familiares. Sus compañeros de equipo eran jóvenes como él, algunos alemanes y otros de países como Gran Bretaña e Italia, e hicieron piña. Extremo derecho, las crónicas de sus encuentros destacaban el buen hacer de Pablo, quien logró después fichar por un mejor equipo, el Nantes. Allí en Francia, además, parte del *staff* era español.

En Alemania, los miembros del equipo solían viajar juntos, organizaban fiestas y escapadas a zonas cálidas, y siempre trataron a Pablo como a uno más, algo que en España fue difícil de lograr en los últimos años que vivieron en el país. Incluso pudo practicar esquí con sus compañeros, con quienes viajó al Tirol en varias ocasiones. Hay muchas imágenes en internet, fotografías que no reproducimos por privacidad, en las que se ve a Pablo pasarlo bien con sus amigos. Y como buen integrado en Alemania, aparece con una cerveza en la mano.

Al segundo de los hermanos le gustan el tenis y el esquí, deportes que ha practicado desde pequeño. A diferencia del resto, el último año de bachillerato lo cursó fuera, en una escuela de Estados Unidos, algo que el mayor, apegado a la familia, prefirió no hacer. «Pablo siempre había sido un fan del balonmano como su padre y jugaba en el equipo del cole. Siempre fue un chaval reservado y tranquilo, sobre todo si lo comparabas con Miguel, que era un gamberrillo», cuenta un amigo de la familia en su etapa barcelonesa. Ese carácter reservado se ha ido endureciendo con el tiempo. Lo cuentan desde el círculo del matrimonio: «Pablo es un tío que sabe lo que quiere, un tipo duro, a la fuerza». Listo y tenaz, ha sabido abstraerse de los problemas y «demostrarle a su padre, que es su ídolo, que sigue estando allí». Visitó muchas veces a su padre en la cárcel y siempre que podía le hacía llegar mensajes de apoyo y de amor. Su padre es también su héroe.

Y ha seguido sus pasos. Ocurrente, discreto y reservado, el hijo más apegado a Iñaki había jugado de pequeño, como hemos apuntado en líneas superiores, en el Club Handbol Esplugues para pasar después a las categorías inferiores del FC Barcelona, donde Iñaki Urdangarin había brillado como nunca. Posteriormente jugó en el Centre Sportif de Trois Chene en Ginebra para marcharse después a Alemania y más tarde a Francia.

Casualmente, el Nantes lo dirigía entonces el exjugador español Alberto Entrerríos, un viejo conocido del que fuera duque de Palma. Entre las bromas que se hacen los primos Borbón, había una que solía protagonizar Victoria de Marichalar, quien alababa los méritos deportivos de su primo Pablo y lo animaba para que fuera a los Juegos Olímpicos (los de 2020, aplazados por la pandemia). «Lo próximo es ir a Tokio», decía la hija de la infanta Elena al hijo de la infanta Cristina. Y aunque suene a broma, es el gran sueño de Pablo Urdangarin: jugar en la selección española.

Los sueños están para intentar cumplirlos, y en eso está el joven Urdangarin. Aunque las cosas se tuerzan, ellos siguen en la lucha. Cuando jugaba en el HBC Nantes, todo eran buenas palabras para el chaval: «Es muy bueno y hace dos años jugó la final europea», contaba una persona de la familia muy entendida en este deporte.

Una de las estrellas de este equipo era entonces Valero Rivera Folch, conocido como Valero Rivera júnior en contraposición a su padre, Valero Rivera, legendario entrenador del Barça y de la selección española de balonmano. Y amigo íntimo de Iñaki Urdangarin. Tan amigo que cuando todos se escabulleron de su lado al ser imputado por el caso Nóos, uno de los pocos que permanecieron a su lado fue Rivera. Suya fue la idea, incluso, de fichar al marido de la infanta como segundo entrenador en Catar en plena tormenta mediática y judicial. La maniobra fue descartada por la Casa Real.

No es solo eso. Hasta junio de 2019, justo cuando Pablo negoció su llegada al club francés, al mando del primer equipo estaba Therry Anti, suegro de Rivera júnior. Es decir, el consuegro del que fuera descubridor y entrenador de Iñaki durante casi toda su carrera. Anti se fue al Sporting Clube de Portugal como entrenador.

No eran los únicos españoles amigos del exduque de Palma que militaban entonces en las filas del Nantes. El entrenador del primer equipo era Alberto Entrerríos, otro compañero de Urdangarin que hasta julio de 2018 era el segundo de Anti. «Aquí se conocen todos —comenta la misma persona—. Es un mundo pequeño y todos son amigos, porque, además, Iñaki era uno de los mejores». Por eso (y por muchas otras cosas), su hijo le admira hasta el punto de querer seguir sus pasos en la cancha.

Ya en su etapa en Alemania, donde empezó su carrera semiprofesional en el TSV Hannover-Burgdorf, Pablo tuvo un buen sostén familiar. Antonio Carlos Ortega era el primer entrenador y también un gran amigo de los exduques de Palma. Incluso fue uno de los invitados a su boda, en 1997, en Barcelona. El entrenador del segundo equipo, justo donde jugaba Urdangarin júnior, estaba en manos de Iker Romero, otro destacado jugador de la época de Urdangarin, aunque no coincidieron tanto y no sean amigos. Sí conocidos.

«No es atléticamente como el padre, pero está trabajando mucho el físico y pronto se va a notar», dijo Iker Romero cuando presentó al chico, a quien definió como «un muchacho muy tranquilo, listo y trabajador».

Es cierto que a Pablo se lo ve todavía delgado y frágil en comparación con los buenos tiempos de Iñaki Urdangarin, un jugador que destacó desde su época en la escuela, en los Jesuitas de Caspe de Barcelona. El Barça de Valero Rivera lo fichó rápido, porque sabía que con esos 1,96 metros musculados y potentes llegaría lejos. Aunque nunca pensó que tanto… Urdangarin cumplió sus sueños y algunos se tornaron pesadillas. Igual Pablo puede aprender lo bueno y lo malo de su padre para llegar a lo más alto sin tropezar. Los Juegos de Tokio quedaron atrás, pero cada cuatro años surge una nueva oportunidad. ¿Veremos de algún día el apellido Urdangarin de nuevo en la selección?

«El balonmano español es una gran familia». Hablamos con un exjugador, amigo de Iñaki desde joven, y padre también de un jugador de nueva hornada. «Nuestros hijos han mamado el deporte desde pequeños y es normal que estén enamorados del balonmano, se lo hemos inculcado nosotros. Por eso, las nuevas generaciones llevan los mismos apellidos; no es una cuestión de herencia, de enchufes, es una cuestión de educación». Son muchos los nombres que suenan a un pasado glorioso y que podrían ser el futuro inmediato del balonmano español: Barrufet, Barbeito, Grau, Reguant y, claro, Urdangarin. Además, estos jóvenes son todos amigos entre ellos, como lo eran sus padres y a pesar de algunas rencillas que han protagonizado, precisamente, sus padres. Se llaman por teléfono, comentan sus jugadas y se animan para lograr lo que todos sueñan: entrar en la selección española.

Con los mismos apellidos que aquel *dream team*, cuentan incluso con la ayuda del mismo médico que trató a la generación anterior. Josep Antoni Gutiérrez, médico que trabaja en el balonmano del Barça desde hace veinticinco años, es uno de los apoyos de Pablo dentro del balonmano. Su amistad con Iñaki y Cristina ha ido más allá del campo, y una de las visitas de la expareja a Barcelona, hace un tiempo, fue para ir a la boda de una de las hijas del doctor. Llamado Guti por sus amigos, sus visitas a Ginebra han sido constantes y su amistad con la hermana de Felipe VI es inquebrantable.

«El que por ahora tiene más potencial es Ian Barrufet, el hijo de David, ese niño tiene muchas posibilidades, es buenísimo, es el que más destaca y ha jugado en las categorías inferiores desde hace años», cuenta la misma fuente. ¿Y Pablo? «Es muy distinto a su padre, es zurdo, sí, como él, y tiene una izquierda muy potente; además, es más alto que Iñaki y, si sigue así, podría ser incluso mejor. Pero necesita mucho tiempo todavía para alcanzar ese sueño. Te puedo asegurar que está feliz en Barcelona; es un chaval muy noble, muy majo, ya visteis cómo se comportó cuando sus padres se separaron, y así es en todos los ámbitos, todos le quieren».

Para saber más sobre Pablo preguntamos en la selección española de balonmano, pero oficialmente no pueden dar información sobre sus jugadores y menos sobre sus intenciones de fichar o no a alguien. Conseguimos, no obstante, hablar con una de las personas relacionadas con el equipo español para que valore el perfil de Pablo Urdangarin y lo tiene tan claro como el resto: «Le falta todavía tiempo, tiene que entrenar duro, como está haciendo, tiene mucho potencial y mucha fuerza, pero es muy pronto aún».

En el Barça nunca quisieron hablar del futuro de sus jugadores. La sección de balonmano es como el resto: no quieren especular ni dar nada por hecho. Aseguran, *sottovoce*, que la figura del hijo de la infanta Cristina siempre fue un valor seguro en el segundo equipo del club, aunque en junio de 2023 terminó contrato y el joven buscó un lugar en el que poder desarrollar su potencial. El Barça es demasiado Barça todavía para él. Todo se verá con el tiempo, eso es algo que Pablo tiene muy claro. Por eso, cuando le llegó la oferta del Granollers, no lo dudó.

Antes, se fogueó de lo lindo en el FC Barcelona. En 2020, el año de la pandemia, Pablo vio cómo la actividad deportiva se cancelaba y se encontró en Nantes sin poder jugar. Así que tanto él como todos sus contactos, incluido su padre, claro, movieron cielo y tierra para buscarle un futuro más plácido al joven. Y lo lograron. Pablo se perfiló entonces como el heredero de lo mejor de su padre, aunque quienes saben y lo han visto jugar dicen que todavía le queda un tiempo para formarse. Su fichaje por el Barça B demostró que era cierto lo que muchos comentaban en los pasillos del club blaugrana. La llegada de Joan Laporta a la presidencia sirvió para que el segundo hijo de los Urdangarin de Borbón se acercara más a su objetivo final. Sus amigos y su familia lo alientan desde hace años.

Laporta y su mano derecha, Enric Masip, amigo de Iñaki y excompañero de equipo, le dieron un vuelco a la división de balonmano del club. En la primera temporada de Laporta y Masip, a quien había sido entrenador del primer equipo, Xavi Pascual, se le rescindió el contrato con el club pese a haber logrado ganar la Liga Asobal. Su sustituto fue Antonio Carlos Ortega, amigo de Masip y de Urdangarin. El mismo entrenador que fichó a Pablo en Hannover.

Cuando se supo que el Barça iba a prescindir de Pascual y contratar a Ortega, las voces sobre la posible entrada de Pablo Urdangarin en el equipo empezaron a ser cada vez más numerosas. «¿Sabes quién fichó a Pablo en el Hannover, su primer equipo?», nos preguntaba una persona del club, alguien muy cercana al equipo de balonmano. Fue precisamente Antonio Carlos Ortega, decíamos, el actual entrenador del Barça, quien fichó a Pablo para el Hannover, un equipo de alto nivel. Nadie, eso sí, se atreve a decir que fue por la intermediación del padre, pero lo cierto es que Pablo tuvo la suerte de poder debutar en ese club, que Ortega había estado entrenando desde 2017.

Pablo Urdangarin ha buscado el ambiente más familiar posible en su nueva vida en Barcelona. Y lo encontró, al principio, en el mismo vecindario en el que se crio. No es que escogiera el llamado palacete de Pedralbes para vivir, claro que no lo que hizo (entre otros motivos porque la casa la vendieron hace tiempo), el segundo hijo de la infanta Cristina e Iñaki Urdangarin fue a vivir a casa de unos amigos de sus padres en el mismo edificio donde vivieron ellos al principio de formar una familia.

En su nueva vida barcelonesa, el joven acudía casi a diario a la Ciutat Esportiva Joan Gamper hasta que se detectaron positivos y la Generalitat anunció que se suspendían las competiciones. Estábamos en plena pandemia y el chaval la vivió en solitario. Sus entrenamientos y sus estudios han sido su prioridad en todo este tiempo. Tres años hace que el joven vive en Barcelona. Urdangarin júnior quiere labrarse un futuro sólido paralelo al balonmano y para ello se matriculó en la escuela de negocios European University (EU), a la que acude muy de vez en cuando, por sus compromisos deportivos, aunque trata de estudiar siempre que puede. No parará hasta que logre la titulación de Sports Management, de la que se matriculó en dicha universidad. Para Pablo es complejo combinar los dos ámbitos de su vida, aunque sigue yendo a clase y trata de aprobar los exámenes. Estudia esta versión de Administración y Dirección de Empresas (ADE) de gestión deportiva, una carrera que hace poco tiempo que existe en España y que le permitiría poder seguir vinculado a su pasión una vez finalice su paso por el deporte profesional. Aunque, visto lo visto, le queda un largo recorrido por delante como jugador de balonmano de primera línea.

Hemos hablado varias veces de los detalles, de esas pequeñas cosas que nos dicen qué y cómo somos. Y también nos hemos referido, machaconamente, a la normalidad, a la necesidad de ser normales que tanto pesa en los hombros de los hijos de la infanta Elena y los de la infanta Cristina. Pero esa normalidad que ellos defienden nada tiene que ver con la que conoce la mayoría. Un ejemplo, un detalle: el piso en el que se instaló Pablo Urdangarin cuando se mudó a Barcelona. Son unos 350 metros cuadrados de apartamento en un edificio de tan solo cinco plantas y dos viviendas en cada una. Tienen jardín, aunque no hay piscina. El edificio está situado en una bonita zona del barrio de Pedralbes, tranquila pero bastante céntrica, muy cerca de la sede principal de Esade, de varios colegios, como el Liceo Francés, y del Club de Tenis Barcelona, del que los exduques de Palma eran socios honoríficos.

Más detalles: el segundo hijo de la infanta Cristina e Iñaki Urdangarin se instaló en la capital catalana en verano de 2020 y se matriculó en la European University, escuela internacional también situada en la zona alta de la ciudad, no muy lejos de donde vivía, una escuela en la que un semestre cuesta 6.450 euros. Esta escuela internacional tiene sede en Barcelona, en Múnich y en Ginebra. En la ciudad suiza, donde vive la infanta, los semestres duplican su precio y llegan a costar 12.875 euros.

Con el tiempo, y ya integrado en el equipo, el joven decidió mudarse. Porque aquello era demasiado grande y solitario para él. Primero se instaló en las dependencias de La Masia, donde el club blaugrana tiene una residencia para menores y una especie de «pisos tutelados» para los mayores de edad. Cada paso que ha dado Pablo ha supuesto un triunfo para él, como vivir en La Masia blaugrana, cuna de los mejores. Puede parecer nimio, pero lograr una plaza en esta residencia no es nada fácil. Y para Pablo, conseguir una de las camas de La Masia fue todo un reto: el joven llegó al Barça sin ficha, porque no querían que su nombre llamara la atención de la prensa y en aquellos tiempos, en plena pandemia, tampoco estaba muy claro que su nivel fuera suficiente. Así, consolidarse en el club como hizo y lograr una plaza en la residencia oficial fue motivo, como diría su abuelo, de orgullo y satisfacción.

Esta residencia deportiva se divide en varias instalaciones: en la planta baja está la residencia para menores de dieciocho años y arriba, el piso que se habilitó hace poco para mayores de edad. La Masia tiene una capacidad para 83 deportistas, que viven en habitaciones individuales, dobles y hasta cuádruples. Las habitaciones de la residencia están distribuidas, como hemos apuntado, en dos plantas y en las habitaciones, cada residente tiene su cama, un armario, un baño equipado y una mesa para estudiar, según informa el propio club. Algunas de las habitaciones de La Masia cuentan con camas especiales para los deportistas de más altura, como los de baloncesto y balonmano base, e incluso habrá adaptadas para usarlas para rehabilitar físicamente a los jugadores. Este sería el caso de Pablo quien, con sus 1,94 metros de altura, no cabe bien en una cama «normal».

Al poco tiempo, en 2022, Pablo se volvió a mudar, esta vez a un piso de «solteros», un dúplex situado en una urbanización con piscina en Sant Joan Despí, localidad cercana a la ciudad deportiva del Barça. La vivienda es de alquiler y la comparte con otros dos jugadores de balonmano, quienes además son sus grandes amigos en la ciudad desde que empezó en el club. El dúplex cuenta con una planta diáfana en el segundo piso, que es la que usa Pablo. El alquiler se divide entre tres, pero el sobrino de Felipe VI paga un poco más y así tiene una habitación más grande y amplia. Eso sí, en su momento, quien esto escribe publicó un artículo en el que informaba que el joven tenía baño privado, pero unos amigos de Urdangarin júnior llamaron para matizar: el baño era compartido. Como vemos, ellos, la familia, también son conscientes de que en los detalles está a veces la verdad.

El verano de 2023 llegó el cambio radical en la vida de Pablo Urdangarin. Las cosas se ponían serias, por fin. Terminaba su contrato con el Barça en junio de ese año y en lugar de seguir en el Atlètic, que es como se llama desde la temporada 2022-2023 a los segundos equipos del club, Urdangarin júnior decidió dar un paso más. Así, fichó por el Granollers, el tercer equipo de la Liga Asobal y una histórica cantera para la selección. Había sido un runrún en los pasillos del Barça de balonmano: el fin del contrato de Pablo iba a tener consecuencias. Él tenía continuidad en el club, así se lo hicieron saber, pero buscaba algo más. Algo que lo llevara a jugar en la Asobal, la liga española, y convertir su equipo en un escaparate para poder tener opciones de entrar en la selección. Si encima podía quedarse en Barcelona y mantener su vida en la ciudad, con sus amigos y su familia, la jugada se antojaba perfecta. Porque, además, Pablo ya tiene novia y vive en Barcelona.

Ante esta nueva situación y al jugar en un equipo que le obliga a trasladarse de Barcelona a Granollers casi a diario, Pablo tomó una nueva decisión: se mudaba otra vez. Y ahora, parece que por un largo tiempo. El segundo hijo de la infanta Cristina vive, desde verano de 2023, en el barrio en el que creció, Pedralbes, en una bonita casa situada en una conocida urbanización de la zona, con un gran jardín, dos piscinas, campo de fútbol, dos canchas de baloncesto y varias zonas de juegos infantiles. Lo curioso del traslado es que Pablo no tiene que pagar apenas nada por vivir en un piso de 150 metros cuadrados con vistas a la montaña de Collserola. Porque la casa es de unos amigos de su madre —unos íntimos que, ya retirados, han decidido pasar largas temporadas fuera de la península—. La estancia de este joven en el apartamento es un *win win* para todos: Pablo vive arropado en una comunidad que conoce desde pequeño, y los propietarios del inmueble saben que no lo dejan abandonado, que el hijo de sus amigos les cuida el piso. Además, está situado muy cerca, a un tiro de piedra, del aparthotel en el que Cristina de Borbón se aloja cada vez que viaja a Barcelona, algo que hace muy a menudo por motivos laborales y también personales.

Pero volvamos al balonmano: Pablo Urdangarin juega esta temporada 2023-2024 en primera división, con opciones a ganar o al menos disputar con fuerza tanto la liga española como la europea.

El Granollers llevaba algunas semanas tratando de fichar a Pablo cuando se conoció la noticia. Saltó en el *Mundo Deportivo* en mayo de 2023. Porque el joven había participado en muchos partidos de primera división con el Barça, incluso despuntó en algún momento como gran goleador, pero seguía con sus huesos en segunda. El Barça, el club en el que siempre jugó su padre, se le quedaba demasiado pequeño en el B y demasiado grande en el primer equipo. Así que dio el salto y, según cuentan quienes lo conocen bien, «está encantado, muy feliz». Porque, además, como decíamos, no tiene que mudarse de Barcelona, donde hace unos meses encontró el amor en una amiga de la infancia. Con su nueva pareja hace vida y comparte casi todo, así que poderse quedar en la capital catalana supone una ventaja también personal.

El sobrino de Felipe VI llegó a Barcelona, lo contábamos, en 2020 y desde entonces se ha centrado en entrenar para dar su mejor versión. Porque su intención, en un futuro, es jugar con la Roja, en este caso, con los Hispanos, y pasar a primera era fundamental. Por este motivo ha dado este paso. Las ventajas de Pablo como jugador son su altura y su potencia. En mejorar lo segundo es en lo que está enfocado ahora. Porque, como dicen quienes lo conocen en el Barça, «es un jugador muy distinto a Iñaki y, si sigue así, podría ser incluso mejor. Pero necesita mucho tiempo todavía para alcanzar ese sueño». Y si

Urdangarin sénior era lateral, Urdangarin júnior juega en otra posición: extremo derecho. Con sus 1,96 metros, Iñaki era un «torpedo». Como persona, también tienen buenas palabras para él, puesto que se ha convertido en un personaje muy querido en los vestuarios.

También su padre tuvo unas palabras hacia Pablo en la primera entrevista que dio a un medio generalista. Fue para *La Vanguardia*, en octubre de 2021, meses antes de que llegara aquel año intenso para la familia en el que Urdangarin se separaría de la infanta. En aquellos días, el joven Urdangarin no era tan conocido para los medios, porque no había tenido que dar la cara por sus padres en plena tormenta sentimental. Aquellos días, su padre estaba pendiente de su carrera, que tutelaba desde dentro al estar relacionado con el club desde su adolescencia. Urdangarin padre siempre ha estado pendiente de la evolución deportiva de su segundo hijo y esta entrevista nos da los detalles de hasta qué punto el padre, pese a todo, pese a la prisión y pese a que en aquel momento compaginaba su relación oficial con una nueva, seguía los pasos de su hijo a diario. El periodista Toni López Jordà, especialista en balonmano, lograba el gran momento. Aquí les dejamos unos extractos:

¿Qué significa que un Urdangarin vuelva al Palau?

Primero, que Pablo pueda formar parte de este club es un hecho histórico. Es emocionante ver a un familiar en la pista. Su debut llega 35 años después del mío, que fue en 1986. Tiene una oportunidad para disfrutar del momento, porque ahora está en una etapa de formación en la que debe consolidarse como jugador en su posición.

Personalmente, como padre, debe de ser un orgullo ver llegar a un hijo al Barça.

Es un motivo de orgullo. El balonmano es un deporte del que hemos hablado mucho en casa y que sea en este club, aún es más emotivo. Pablo ha tenido una formación complicada, ya que vivió en Estados Unidos y allí no había equipos de balonmano, y en Suiza eran flojos, así que ha tenido que dar muchas vueltas (Hannover, Nantes) para llegar aquí.

¿Lo ve muchos años en el Barça?

Dependerá de él, de que tenga suerte con las lesiones, de que convenza a los entrenadores, y de su talento.

¿Le ve muchas similitudes con usted? Pablo es extremo y usted era lateral y bastante más corpulento...

El parecido más grande es que los dos somos zurdos. Pero veo que a su edad tiene más talento que yo cuando jugaba. De hecho, él entendía mejor el balonmano, la química del juego, los dos contra uno o los tres contra dos, que son la esencia de este juego. Físicamente somos muy diferentes. Por su estructura física, más delgado que yo y con 1,94, tiene más polivalencia, es más rápido, tiene lanzamiento, puede ayudar en defensa como segundo, puede salir al contragolpe…

Como extremo derecho, tiene delante en el primer equipo a Aleix Gómez y a Blasz Janc. No será fácil hacerse un hueco…

Aleix Gómez debe ser un espejo para él. Se trata de establecer una colaboración para aprender, no una competición.

¿Asistirá al Palau Blaugrana al debut?

Sí, he venido expresamente a Barcelona para verlo debutar y para los actos de los 50 años del Palau Blaugrana. Estoy viviendo en Vitoria y Pablo está residiendo en La Masia del Barça.

Pablo había entrado en el ruedo mediático. Las palabras de su padre lo dejaban claro. Aunque seguramente, aquel octubre de 2021 ninguno de los dos imaginó que la responsabilidad del segundo hijo de los exduques de Palma terminaría traspasando cualquier barrera imaginable. Un sobrino del rey, un grande de España, declarando ante la prensa sobre la infidelidad pública de su padre. Y lo hizo sin haber siquiera hablado con su madre antes. Lo venimos contando desde el principio: en los privilegios de esta camada de aristócratas se encuentran unas responsabilidades que a veces superan con creces los beneficios de ser hijo de…

Las declaraciones sobre la crisis matrimonial de sus padres, serenas y sumamente educadas, lo pusieron en el punto de mira. Pablo era un tipo conocido por muchos, sobre todo entre los jóvenes, quienes le dedican páginas en las redes sociales y alaban tanto su carácter como su físico. Su faceta de jugador de balonmano en el Barça también ha contribuido a que sea más conocido por todos. «*We love Pablo!*», parece que griten en internet. Lo decía la periodista Susanna Griso en programa matinal de Antena 3 *Espejo público* a finales de enero de 2022: «Somos todos fans de Pablo».

Las redes sociales, en especial en esta juventud nativa digital, son clave para entender su nivel de popularidad. Y el de Pablo ha sido siempre muy alto entre sus coetáneos. En febrero de 2021, por ejemplo, abrió una cuenta pública en TikTok, una cuenta en la que cualquiera puede publicar un comentario. No hay lugar a dudas, por su número de seguidores, de que tiene fans entregados. «Pablo q guapo eres renuncio a ser republicana por ti», «Pablo las españolas te queremos» y «Si ya antes estaba enamorada de él, ahora estoy el doble» son solo tres de las más de mil novecientas frases que han escrito otros tiktokers en uno de los dos vídeos que ha colgado el hijo de los

Urdangarin (en el otro vídeo, puesto que solo tiene dos, hay más de mil doscientos comentarios).

Si consultamos con Google Trends, la página que indica las tendencias del buscador a cada momento, podemos ver que el sobrino de Felipe VI ha experimentado varios picos en la web en función de la actualidad. Subió cuando se publicó su cuenta de TikTok en los medios y cada vez que cumple años, el 6 de diciembre. El nombre de Pablo Urdangarin también fue tendencia cuando sus padres fueron a verlo en su debut en el primer equipo del Barça de balonmano, y cuando jugó su último partido, por poner algunos ejemplos.

La cuenta de TikTok de Pablo nos da una idea de cómo ha evolucionado el joven en las redes sociales. En mayo de 2021 tenía casi 4.000 seguidores. El primero de los vídeos que colgó había sido reproducido 41.400 veces, y el segundo iba por las 40.900 en aquellos días. Son vídeos sencillos: en uno mezcla su imagen con la de otros tiktokers, algo muy común en esta red social, donde los usuarios pueden hacer la réplica a quienes siguen. Seis meses después, la misma cuenta tenía 46.600 seguidores y los vídeos habían sido reproducidos miles de veces. El primero, para ser exactos, contaba con 462.000 interacciones, y el segundo, con 533.900.

Al cabo de un mes desde este último recuento, los números seguían subiendo. En plena tormenta mediática por la separación de sus padres y su papel de portavoz oficioso, su cuenta tenía algo más de 53.000 seguidores y había recibido 64.000 likes. El primer vídeo había recibido 552.000 interacciones (casi 10.000 más en un mes) y el segundo, un total de 664.800 (unas 10.000 más en un mes). Y eso sin haber colgado nada nuevo ni haber interactuado demasiado con nadie. Es más, Pablo solo sigue a 199 personas en la cuenta, y entre esos seguidores están sus hermanos Miguel e Irene, que aparecen con nombres falsos.

Volvemos a contar las cifras de las cuentas de Pablo en agosto de 2023, más de un año después, y los números siguen volando. El chaval tiene más de 77.000 seguidores y ha recibido más de 103.000 likes. Su primer vídeo tiene ahora 911.500 visualizaciones, y el segundo vídeo tiene ahora 1,2 millones. Sin hacer nada… Su cuenta (o cuentas, quién sabe) de Instagram son privadas y aunque nos consta que es activo en esa red social, no podemos saber lo que postea porque no tenemos acceso y es, además, intimidad pura y dura.

Aparte de cuentas propias, Pablo tiene fans con unas redes sociales muy activas y entregadas por completo a la figura del sobrino «real». Es más, si alguien quiere saber cómo le va, por ejemplo, a Pablo Urdangarin en su vida, lo mejor que puede hacer es seguir esas cuentas en las que por arte de magia tienen acceso a imágenes inéditas y privadas de los hijos de las infantas. Podemos ver a Pablo con su hermana Irene sentados a la mesa de una cafetería o al joven (con poca ropa) en los vestuarios del Barça de celebración con sus compañeros.

Otro de los momentos en los que el nieto de los reyes eméritos volvió a despuntar fue a mediados de diciembre 2021 cuando se publicó un vídeo en TikTok en el que aparecía de espontáneo. Pablo y su amigo Roberto Domènech, portero del filial del Barça de balonmano hasta junio de 2023, donde ambos tenían ficha entonces, estaban en la estación de metro de Diagonal, en el centro de Barcelona. En el andén de enfrente, tres chicas jóvenes y divertidas como ellos se disponían a grabar un TikTok, uno de esos vídeos con coreografía predeterminada que arrasan entre los niños y los adolescentes. El vídeo se hizo viral en TikTok y cientos, si no miles, fueron los jóvenes que colgaban la misma coreografía en la red social. Como suele suceder en TikTok, sus usuarios se aprenden una coreografía y la cuelgan, con lo que esos mismos gestos se repiten hasta la saciedad. Todos se aprenden un baile de memoria, también Urdangarin júnior, quien se sumó a la coreo de unas desconocidas desde el otro andén de la estación. El vídeo, claro está, arrasó. Él mismo comentó en el mismo post de esas desconocidas con quienes se divirtió en la estación de metro de Diagonal. «A ver si TikTok hace su magia y los encontramos», escribió la joven en el vídeo. Y así fue. El amigo del sobrino del rey, Roberto, buscó el vídeo en TikTok y se encontraron. Dejó entonces un mensaje en la cuenta de la joven que colgó el post y citando a Pablo: «Las hemos encontrado —decía—. Sí, somos nosotros». A lo que el hijo de la infanta contestaba: «Na, de locos hahahaha». «Vosotros? Erais vosotros? Hahahaha», escribía entonces la chica, sorprendida. «Sí, hahaha nos tapáis un poco», bromeaba Urdangarin.

Los comentarios suelen ser clave para saber si una cuenta es verídica o falsa, y en uno de los vídeos de Pablo aparece alguna de sus amigas, a quien él responde en una conversación en la que hasta se «cuela» la sobrina de la reina Letizia, Carla Vigo. La hija de la fallecida Erika Ortiz, hermana de doña Letizia, entra en la conversación con emoticonos de risa. Por los comentarios se puede constatar que Carla y Pablo se conocen bastante bien, puesto que en el primer vídeo que colgó el joven la sobrina de los reyes escribe «Ese Pablo», en claro gesto de confianza.

De Pablo Urdangarin hemos contado hasta quince páginas en Instagram dedicadas a su vida. El resto de los sobrinos de Felipe VI tiene menos incidencia mediática, incluso Victoria de Marichalar, que tiene al menos ocho, una cifra bastante alta pero muy alejada de las de su primo. ¿Y el resto de los sobrinos «reales»? Pues Felipe (Froilán) de Marichalar tiene solo una cuenta de fans, Irene Urdangarin tiene al menos tres, su hermano Miguel tiene una, y Juan, el mayor de los Urdangarin de Borbón, dos.

Pablo, catalán

Antes de vivir en Barcelona, Pablo Urdangarin lucía una pulsera con la bandera de España, como alguno de sus hermanos y de sus primos. Eso, no obstante, no quita que se sienta catalán y hable el idioma a la perfección. Eso sí, ya no lleva la pulserita, no al menos en público, desde que aterrizó en Barcelona para vivir en la ciudad. Cuando empezó a jugar con el Barça, alguno de sus compañeros le preguntó con gracia que cómo podía ser que hablara tan bien catalán. «És que jo sóc català, eh» («Es que yo soy catalán, eh»), les ha contestado siempre. Es en catalán como habla con muchos de sus compañeros. No hay que olvidar que su padre se crio en Barcelona desde los dos años y que tanto él como todos sus hermanos han nacido y crecido en la capital catalana.

Es más, cuando Iñaki Urdangarin sorprendía a casi todos al dar la citada entrevista a *La Vanguardia*, pocas horas después ofrecía más declaraciones a Catalunya Ràdio y el entonces marido de la infanta respondió en perfecto catalán. Algunos no lo entendieron, al tener la idea de que Urdangarin es vasco. Aunque lo es solo de nacimiento. Se crio en Barcelona y ha pasado toda su vida en Cataluña hasta que las cosas cambiaron con el caso Nóos. Él mismo lo decía, hace años, en 1997, en una entrevista que le hicieron cuando empezó a salir con la infanta Cristina y los medios hablaban de él y de toda su familia. En declaraciones a Margarita Puig, de *La Vanguardia*, el entonces jugador de balonmano del Barça aseguraba: «Ni mi madre es alemana ni es de la aristocracia de Bélgica. No hablo cinco idiomas ni mucho menos el euskera, porque he vivido en Barcelona casi todo el tiempo y adopté el catalán como segunda lengua, pero jamás el euskera».

Algunos de sus hermanos sí hablan euskera, como Mikel, el otro chico de la familia, y otros no, como Ana, la mayor, que siempre ha vivido en Barcelona y es también una catalana más. Como Pablo, el Borbón catalán del Barça que ha visto cómo su carrera va por el camino que siempre soñó. Y mientras sigue soñando, sigue viviendo. Felizmente además.

Pablo y su novia

El 14 de marzo de 2023 estallaba la bomba. La revista digital *Vanitatis* publicaba las primeras fotografías de Pablo con una chica, una joven a la que besaba en unos grandes almacenes. Se trataba de algo insólito teniendo en cuenta que el sobrino de Felipe VI siempre se ha caracterizado por una cuidada discreción. Hacía semanas que corría la voz en las redacciones del colorín. Pablo tenía pareja y había fotos que lo atestiguaban. «Se dice que se te ha visto enamorado por las calles de Barcelona, con una nueva chica. ¿Es eso cierto? ¿Tú estás feliz?», le preguntaba una veterana periodista de Europa Press a la salida de su último partido. La reportera ya es conocida de Pablo, a quien trata con cariño, algo que él le devuelve siempre. «Sí, yo estoy contento, gracias», respondía el hijo de Cristina de Borbón sin dar más detalles.

Pero esa conversación, como otras que tuvo Pablo con los paparazzi que normalmente le siguen, fue más profunda. Les pidió que no desvelaran quién era su novia, que la protegieran, que nada tenía que ver con este mundo. La petición de Pablo se hizo extensiva y más detallada a quien esto escribe. Pidió que no identificáramos a la joven, que estaba empezando, matizó, y temía que la relación se fuera al traste si los medios empezaban a seguirla. La chica, de la que entonces no se había dado el nombre, comenzaba a agobiarse ante la presión mediática.

Pónganse ahora en la piel de un chaval de veintitrés años que empieza una relación con una amiga. Un chico que decide «ir en serio» con ella y deja de lado cualquier otro «ligue» que hubiera tenido. Mejor mantenerlo todo en *petit comité*, se dirían. Y eso es lo que decidió Pablo Urdangarin. Empezó una relación con una chica de su entorno por la que siente especial cariño y de pronto supo que había imágenes de ella dando vueltas por las redacciones.

Y se publicaron, lo que preocupó al joven sobremanera. Fue cuando Pablo pidió ayuda. No la recibió. Ser sobrino del rey tiene consecuencias, dirán muchos, y si ha gozado de los privilegios, que apechugue con los inconvenientes. Tendrán razón, sin duda, pero los privilegios, en el caso de Pablo Urdangarin, terminaron hace tiempo.

En el momento en el que se supo que tenía novia, él era consciente de que era cuestión de tiempo que la imagen de la joven apareciera en los medios. «Por ser vos quien sois». Pese a quien pese. Y así fue a los pocos días, cuando fotografías de la pareja aparecían en una revista con todo lujo de detalles: el nombre de la chica, dónde vivía… Ella, de pronto, se preocupó: no quería que la siguieran como si fuera una *celebrity*. La chica no tiene relación con este mundo ni tiene ganas de formar parte de él; ni de lejos quiere ser conocida por nadie. Y así es como una relación puede romperse. Pablo Urdangarin se ha convertido, en poco tiempo, en una cara habitual en los medios de comunicación. Cuando se mudó a Barcelona lo hizo casi en secreto y empezó a entrenar en el Barça incluso sin ficha para que no se pudiera descubrir que estaba en el equipo. La sonada separación de sus padres lo convirtió, sin quererlo, en una especie de portavoz familiar. Educado, amable y preparado para responder a los periodistas, Urdangarin júnior se ha convertido, además, en uno de los miembros de la familia del rey mejor valorados.

Lo decimos porque hace años que la Casa Real dejó de publicar datos sobre la imagen de sus miembros en la sociedad española. En octubre de 2022, *Vanitatis* sacó a la luz el *Informe Borbón*, elaborado por el instituto IMOP. Y según los datos de este trabajo, Pablo es una de las figuras más apreciadas por los españoles cuando nos referimos a los familiares del rey. Después de doña Letizia, la princesa de Asturias y la reina Sofía, es quien más contribuye a mejorar la imagen de la realeza española. Fuera de las estrictas fronteras de la familia real, es el segundo hijo de la infanta Cristina e Iñaki Urdangarin quien más aprecio se ha granjeado este año entre los ciudadanos. El 2,7 por ciento de los españoles considera que Pablo ha contribuido a mejorar la imagen de la monarquía, un porcentaje que está por encima incluso de su prima la infanta Sofía. Si lo medimos por sexos, el 1,8 por ciento de los hombres está de acuerdo con esa opinión, mientras que entre las mujeres es el 3,5 por ciento quien señala a Pablo. En cuanto a las edades, son los mayores de sesenta y cinco años quienes ven a Pablo Urdangarin como la imagen positiva de la familia, en un 3,6 por ciento, mientras que los más jóvenes no lo valoran. Otro dato curioso y que no debería sorprendernos apunta que es en Cataluña, donde Pablo nació y vive, donde más se le valora: el 8,7 por ciento considera que contribuye a mejorar la imagen de la Corona. Podríamos decir que Pablo Urdangarin es ahora *el nostre* («el nuestro»), como en su época su madre, la infanta Cristina, fue *la nostra* («la nuestra»). También en el País Vasco apoyan esa idea sobre Pablo por encima del resto de las comunidades: el 5,4 por ciento lo señala como la persona que más contribuye a mejorar la imagen de la monarquía.

La imagen de Pablo Urdangarin es la consecuencia de ese talante tan correcto del que él mismo es consciente. Porque hasta la fecha no había tenido que hablar de sí mismo, solo de sus padres, pero él ya les contaba a los amigos que se había preparado toda la vida para crisis como la que vivieron sus padres y el «acoso» mediático que sufrieron todos los Urdangarin en aquel momento.

Cabe recordar que ha vivido en varios países por el proceso judicial en el que se vio envuelto su padre y que terminó con una sentencia condenatoria y varios años de cárcel.

Instalado en Barcelona, y con la cara y el nombre de su novia conocidos por los interesados, Pablo le dio la vuelta a la situación y decidió hacer vida normal con ella. Como si nada. Y así, la joven desconocida pasó a ser Johanna Zott, hija de un profesor universitario de gran prestigio y una madre empresaria. La joven tiene tres hermanas y la vida de Pablo gira, ahora, en torno a esta familia. Tanto es así que en la familia Urdangarin de Borbón se ha instalado el buen rollo absoluto con los Zott. Lo cierto es que se conocían de antes, porque Johanna y Pablo eran compañeros de colegio.

La pareja empezó a salir hacia enero de 2023 y poco a poco los encuentros entre los padres del joven y de su pareja se han convertido en algo habitual. Ya se conocían, así que no ha habido que forzar nada. Incluso los hemos visto en fotografías: lo dicho, hacer como si fueras normal, a ver si cuela. En el caso de Pablo, coló. Una imagen familiar que muchos habrán visto en las revistas o en televisión es de mayo de 2023 y se puede ver a Iñaki Urdangarin compartiendo jornada deportiva con sus «consuegros», los padres de Johanna. La chica también estaba en el recinto, con una camiseta blanca en la que se podía ver el 77 escrito grande en la espalda, el número con el que juega Pablo y que escogió para rendir homenaje, precisamente, a su padre. El medallista olímpico siempre jugó con el 7. Es más, en las gradas estaba Irene Urdangarin, la hija pequeña de los exduques de Palma, que había viajado a Barcelona para pasar unos días y asistir, más tarde, al concierto de Coldplay con su madre y su hermano. La hermana menor de Pablo había dibujado una pancarta a mano con el número 77 y la lucía orgullosa. Porque, además, aquel día el joven fue uno de máximos goleadores del partido (anotó seis goles), en el que el Barça se enfrentó al Ademar de León con una victoria 43-40. Se clausuraba así la temporada y el paso de Urdangarin júnior por el Barça.

La familia

La relación del hijo de la infanta Cristina e Iñaki Urdangarin con los Zott es excelente, hasta tal punto que muchas veces el joven se queda a dormir en casa de su chica. El matrimonio Zott, formado por dos profesionales que viven muy bien gracias a haber trabajado y seguir trabajando mucho, ha acogido a Pablo como al hijo que nunca tuvieron.

Padres de cuatro hijas, son todas chicas muy responsables, divertidas, altas, rubias y muy guapas, y se llevan muy bien entre ellas. En Pablo han encontrado una relación diferente y lo han acogido como a uno más. Y no solo las hermanas y los padres de Johanna, hasta el perrito de la familia, un peludo blanco y negro. Esa relación cariñosa con todos se puede comprobar también en los paseos que a veces da Pablo con el perro por los alrededores de la casa de los Zott. Hace un tiempo, Johanna y sus hermanas compraron un conejito enano, un animal doméstico muy de moda, que se ha convertido en parte de la familia y que Pablo cuida como una mascota más.

Cuando empezaron su relación, Pablo hizo todo lo posible por proteger a su pareja de los medios, ante los que la joven se sentía intimidada e insegura. Ha habido algún episodio complicado en este sentido y ambos llegaron a pedir ayuda a amigos y compañeros de trabajo para que no les tomaran fotografías o no los siguieran los medios. Tras una amable tregua, las cosas han cambiado. Johanna ya no teme que le hagan fotos y, según nos aseguran, hasta bromea cuando se ve en una revista. Que la relación se haya asentado y que Pablo se sienta con los Zott como en casa tiene mucho que ver.

La vivienda en la que pasan tantas horas juntos es una propiedad a los cuatro vientos, de varias plantas, con jardín y piscina privada situada en una de las zonas más apreciadas a las afueras de Barcelona. No muy lejos de donde vivían, por ejemplo, Shakira y Gerard Piqué cuando estaban juntos. Nada que ver con Cornellà, una zona más popular —cuna de los hermanos Muñoz, de Estopa—, municipio en el que se situó a la joven en el principio de la relación.

Johanna estudia Medicina y hace prácticas en un hospital universitario. Con los compañeros de estudios se lleva muy bien, aunque mantiene su grupo de amigos entre los estudiantes del colegio de toda la vida. A pesar de que los Zott llegaron a España hace unos años procedentes de Francia, donde trabajaba antes el padre, profesor universitario de alto nivel. Johanna ha crecido en un hogar intelectualizado y ella es muy aplicada y pasa mucho tiempo dedicada a sus estudios. Cuando llegaron a España, las cuatro hermanas Zott se matricularon en el Liceo Francés de Barcelona, como lo hicieron los cuatro Urdangarin, así que todos se conocen a la perfección. También los padres de unos y otros, por lo que no es extraño ver a Iñaki Urdangarin compartir gradas en un partido de Pablo con los padres de Johanna o a la infanta Cristina haciendo lo mismo. Como podemos imaginar y así nos lo confirman, tanto la infanta Cristina como Iñaki Urdangarin están encantados con la relación de Pablo.

La casa de la familia Zott, moderna y confortable, es uno de los refugios del sobrino de Felipe VI, y pasa horas y horas con su «nueva» familia. Hace poco el joven concedió una entrevista a la agencia EFE (fue su segundo encuentro con periodistas, la primera la consiguió el Canal Barça) y habló de todo sin problemas, incluso de su novia. Dijo que le gustaba hacer planes con ella y con sus primos, quienes viven en Barcelona y le hacen sentir más en casa. Esos primos, los Gui Urdangarin, hijos de la hermana mayor de Iñaki, Ana, son uno de los pilares de Pablo en la capital catalana. De este modo se siente más acompañado en una ciudad en la que creció y que tuvo que abandonar hace años por los problemas judiciales de sus padres.

En ese acompañar del que hablaba Pablo también los Zott son imprescindibles. El día a día de la joven pareja es sencillo: intentan verse a diario, quedan para tomar algo en las cercanías de casa de Johanna o por el barrio de Pedralbes, donde se los ve con bastante frecuencia. La joven va a veces a casa de Pablo, en Sant Joan Despí, aunque prefiere estar en su casa, donde cuentan con más espacio e intimidad. Todo es más cómodo en una gran casa como la de los Zott. La joven pareja, que tienen la particularidad de que hablan en inglés entre ellos, mantienen una relación divertida y muy íntima. El verano de 2023, gracias al buen tiempo, se escapaban juntos hasta la playa, en motocicleta, y pasaban más horas juntos. Si pueden, alargan esos momentos hasta el infinito.

Estudiar Medicina requiere su tiempo y la joven es muy aplicada, uno de los motivos por los que Pablo sigue aplicándose también en sus estudios. Quiere terminar la carrera de Sports Management que cursa en Barcelona y por ello suele pasar horas de estudio con su novia. Es uno de los momentos que lo ayudan a concentrarse. En su rutina, claro, también quedan con amigos comunes, porque Pablo se ha incorporado al grupo que tiene Johanna. Son amigos del colegio, que Pablo conoce de hace años, y que lo han adoptado como uno más. Son, en definitiva, una pareja joven normal, que vive por y para la relación, centrados en la ilusión de los primeros meses de noviazgo.

Y como toda pareja normal y universitaria, los contratiempos también llegan. En este caso, en forma de beca Erasmus. Johanna empezó el curso 2023-2024 en Alemania, algo que ya tenía planeado cuando empezó su relación con Pablo. Es decir, ambos sabían que la «separación» se iba a producir, pero cuando llegó el momento, el joven sintió que se le partía el corazón. Tal como informan fuentes familiares, «a esta edad y por el desarraigo que han sufrido estos chicos, un amor lo es todo». Por eso ha pasado el otoño de 2023 planeando varias visitas a Múnich, donde estudia su novia.

La estancia de Zott en la universidad está siendo muy intensa, con fiestas, escapadas y todo tipo de actos que llenan una agenda joven y entusiasta. Ha hecho nuevos amigos y todo se lo cuenta ilusionada a su pareja, con quien mantiene videollamadas continuas. «Esto no es como antes, que te ibas y no podías hablar casi nunca, ahora están en permanente contacto y, aunque se echan de menos, saben que en poco tiempo volverán a estar juntos», informan las mismas fuentes. «Eso sí, Pablo es quien peor lo pasa, porque nota más la ausencia y, además, es que está localmente enamorado de esta chica, se desvive por ella».

Vacaciones juntos

Cuando llegó el verano de 2023, esa familiaridad de la que hablamos quedó más patente que nunca. Los planes se multiplicaron: playa, cenas, viajes… y Pablo y Johanna hicieron todo lo que pudieron de la mano. La pareja estuvo en varios lugares marineros antes de emprender un viaje romántico y secreto. La vida del joven Urdangarin en Barcelona ha tomado velocidad de crucero y ha encontrado en la familia Zott un hogar en el que pasa muchas horas. Justo antes de irse de viaje, por ejemplo, durmió en casa de su novia, donde suelen compartir habitación.

Una vez de vuelta en Barcelona, el deportista de la familia estuvo con la infanta, quien viajó a la capital catalana por motivos laborales. Con ella cenó en casa de sus primos Gui, hijos de Ana Urdangarin, la mayor de la familia de Iñaki. Y al día siguiente, mientras Cristina de Borbón permanecía en la Ciudad Condal, Pablo volvía a hacer las maletas, esta vez rumbo a Menorca. Han sido cinco los colegas del balonmano que han pasado unos días en la isla balear, donde han disfrutado de las playas y del ocio nocturno.

Tras su paso por la conocida como isla inglesa, el joven viajó a Mallorca, donde pasó casi quince días con la familia Zott. El verano de 2023 tenía que haber estado marcado en el calendario de la historia de la familia real: la reina Sofía había pedido a todos sus hijos, es decir, al rey Felipe, y a las infantas Elena y Cristina, que pasaran unos días todos juntos en Palma, en concreto en el palacio de Marivent, con sus familias. Y pese a que al principio todos aceptaron, las rencillas familiares volvieron a aflorar y en el último minuto, las infantas cancelaron su viaje, con lo que sus hijos, esto es, los Marichalar y los Urdangarin, no se pudieron encontrar en la isla en la que habían pasado tantas vacaciones juntos.

Lo habían conseguido un año antes, en 2022. Sin los reyes ni sus hijas, la princesa Leonor y la infanta Sofía. Estuvieron juntos la reina Sofía, las infantas Elena y Cristina, Felipe y Victoria de Marichalar, y Pablo y Miguel Urdangarin. Los cuatro primos salieron a cenar, decíamos, a Calanova, el mismo puerto en el que todos los primos Borbón hacían un cursillo de vela cada verano. Ahora que ya son mayores han cambiado las costumbres, pero no los sitios. Después de estar en el restaurante, se fueron a tomar algo y aparcaron en un garaje público que pasó a convertirse en noticia. Porque los sobrinos de Felipe VI salieron del Club Náutico hacia las once y media de la noche y se dieron cuenta de que habían perdido el tíquet del parking.

Lo contaba en su momento el *Diario de Mallorca*, porque dos personas que pasaban por allí se encontraron a Felipe Froilán fuera de su Audi, mientras sus primos y hermana permanecían dentro. El joven les pidió ayuda, porque no sabía cómo solucionar el embrollo. Finalmente lograron salir del parking y regresar al palacio de Marivent, donde estaba su abuela con su hermana, la princesa Irene.

No estaban sus madres esa noche. Las infantas Elena y Cristina habían salido a cenar por su cuenta, esta vez a casa de una amiga. Los primos habían pasado todo el día navegando en un barco cedido a la familia. Lo del tíquet del garaje público no hizo más que agrandar la leyenda de Felipe entre sus primos, que se morían de la risa ante el despiste del mayor. Lo hemos contado, ¿verdad? Felipe Froilán de Marichalar es el travieso, sí, pero también el adorado primo.

Mientras los primos reían y se divertían, en el palacio de Marivent se vivían escenas de cierta tensión. El rey Felipe llegaba a Palma para pasar sus días de vacaciones con su familia, que debía llegar a los pocos días. Y se encontraba en el palacio con su hermana, la infanta Cristina, que estaba a punto de marcharse. Hay que tener en cuenta que el palacio de Marivent tiene dependencias independientes para cada una de las familias, esto es, que los Urdangarin tienen su propia «casita», los Marichalar la suya y también los Borbón Ortiz. Pero el encuentro se produjo, fue tenso sí, aunque también cordial.

La última vez que ambos se habían encontrado fue en enero de 2020, en el funeral por la infanta Pilar, hermana del rey Juan Carlos I. Allí, en la basílica de San Lorenzo del Escorial, los hermanos ni tan siquiera se saludaron, dejando para la posteridad unas imágenes históricas, en las que se ve a las infantas mirando de reojo a su hermano, con un semblante serio, mientras él ni se detiene a darles la mano.

Juntos y sonrientes habían posado en noviembre de 2018, con motivo de la celebración del 80.º cumpleaños de la reina Sofía. Como un regalo a la reina madre, cuya obsesión es mantener a la familia unida, los tres hijos posaron con los nietos en una imagen que no se ha vuelto repetir y que dudamos que sea posible volver a tomar.

Esa realidad se puso en evidencia cuando don Juan Carlos I volvió a España tras casi dos años de ausencia y quiso aprovechar su visita a Madrid, de pocas horas, para celebrar una comida todos juntos. Allí estuvieron la infanta Elena con sus dos hijos, y la reina Sofía, quien estuvo presente a pesar de padecer COVID. También acudió la infanta Margarita, hermana de don Juan Carlos, con su marido, Carlos Zurita, pero no asistió ningún Urdangarin de Borbón y los motivos son claros: «Los hermanos todavía tienen una conversación pendiente y ese no era el lugar ni el momento». La sombra de Iñaki Urdangarin y el caso Nóos es alargada.

Su entrevista a EFE

Volvamos a hablar de Pablo, que los embrollos familiares no ensombrezcan su figura, cada vez más potente. No es habitual que los miembros de la familia de Iñaki Urdangarin concedan declaraciones o hablen abiertamente y de forma extensa sobre su vida y sus sentimientos. Pero Pablo decidió hacerlo y dio una entrevista a la agencia EFE, que aquí despiezamos, en la que habló de todo y todos sin problema.

En el artículo de la agencia EFE, que incluía algunas fotografías en las que el joven salía posando, Pablo recordó su infancia y sus inicios en el balonmano, una cronología que aquí hemos expuesto y que él repasó encantado. «Cuando volví a Europa, pude seguir jugando. Después estuve en Alemania (Hannover) y ahí es cuando noté que era lo que quería hacer y me lo tomé más en serio».

La entrevista al joven Urdangarin se centró en su carrera deportiva y él mismo contó que le gustaría volver al Barça, el club de sus sueños, aunque matizó que debía centrarse en el momento que estaba viviendo. «He tenido la suerte de jugar y, quién sabe, igual en algún momento de mi vida tendré la oportunidad de volver. Pero ahora viene un capítulo muy importante de mi vida, que es empezar con el Granollers, y tengo muchas ganas de darlo todo».

Hemos hablado aquí de las redes sociales y los sobrinos del rey, algo que también hizo Pablo en el citado encuentro con EFE. Sobre si es activo o no en sus cuentas de Instagram o TikTok, lo negó por cuestiones personales: «Guardo mi privacidad, dentro de lo que cabe, prefiero guardar mi vida privada para mí mismo. Sigo a la gente que me interesa, a mis amigos, a mi familia, pero no soy de los que muestra su vida privada». Durante la entrevista, Pablo se refirió por primera vez a Johanna Zott como su «novia», admitiendo que le gusta «hacer planes con ella y su familia, un poco de todo… Tengo primos en Barcelona, hago cosas con ellos, para sentirme más en familia». En cuanto a sus gustos, confesó que es «más de ver pelis y series» que de leer. «Vi hace poco una serie en Netflix, *Night Agent*, y de pelis veo bastantes, soy un aficionado», resumió.

Cerramos así el último capítulo de la vida de Pablo Urdangarin en este libro, que no en la realidad. Porque cada día que pasa crece la leyenda de todos, en especial la de Pablo, el deseado.

MIGUEL URDANGARIN

Miguel Urdangarin es el hijo más desconocido y discreto de la infanta Cristina e Iñaki Urdangarin. Por eso, cualquiera de sus apariciones suele convertirse en noticia. Sucedió en enero de 2023, en el funeral de su tío abuelo, el rey Constantino de Grecia. La familia real al completo, con excepción de las hijas de los reyes Felipe y Letizia, viajaba a Grecia para despedir al patriarca de la familia real griega. Tras un funeral casi de Estado, los familiares se digirieron al palacio de Tatoi, un mito en la familia puesto que en ese lugar pasaba los veranos de su infancia la reina Sofía con los suyos. Allí, en un camino empedrado, entre pinos y con el frío e invernal viento marino, la familia despedía a Constantino, Tino lo llamaban.

Y Miguel se mostraba muy pendiente de su madre, muy cariñoso con ella en todo momento. El joven quiso mostrarle su apoyo en esos momentos duros y sus gestos se convirtieron en titular. Es lo que tiene ser sobrino de un rey, nieto de otro rey, grande de España. Quieras o no quieras. En el funeral de Constantino de Grecia en el palacio de Tatoi, la infanta Cristina no pudo evitar romper a llorar. Y fue en ese momento cuando su tercer hijo se daba cuenta de cómo estaba su madre y le besó la mano. Un gesto de cariño y de respeto con el que demostró que cuando llegan mal dadas nada importa.

La relación de la infanta Cristina con sus cuatro hijos es muy intensa, muy buena, al igual que también lo es con su padre, Iñaki, pese a todo. En las fiestas navideñas de 2022 pudimos ver a Miguel en Vitoria, con su familia paterna, en una salida por las calles de la capital vasca en la que el joven se mostró de nuevo cariñoso con los suyos. En esta ocasión, era un abrazo a su padre, en plena calle, y el gesto se elevó a titular. Poco sabemos del chico, y cada detalle importa.

Es el hijo más desconocido de la infanta Cristina e Iñaki Urdangarin, seguramente porque a diferencia de sus tres hermanos, a Miguel no lo hemos visto crecer. Se fue a Ginebra con diez años y desapareció del radar de la prensa hasta que volvimos a verlo, ya convertido en un adulto.

Siempre ha sido el más listo, el hijo que se interesa por las mates y la ciencia, que toca el piano y hasta disfruta con la lectura. Miguel Urdangarin ha destacado entre sus hermanos desde pequeño por su capacidad de estudio y de esfuerzo. Ahora, ese chico cumple años lejos de los suyos, lo que significa que puede distanciarse de las crisis que viven sus padres y en las que se ve implicada toda la familia.

El tercer hijo del matrimonio formado por Iñaki Urdangarin y la infanta Cristina nació, como sus hermanos, en la clínica Teknon de Barcelona. Hasta allí, como habían hecho con el resto de los nietos, se desplazaron sus abuelos paternos y maternos, los reyes Juan Carlos I y doña Sofía. Urdangarin brindaba con la prensa por el nuevo nacimiento y recordaba que buscaban a la niña, que llegaría tres años después.

Lo bautizaron como Miguel a secas. Sin segundos nombres, un apelativo en honor al único hermano de Iñaki, aunque a este lo llamen Mikel. Fue deseo de sus padres, como dijo el entonces duque de Palma, como había dicho antes también en el nacimiento de Juan y en el de Pablo. Los primeros en llegar a la clínica aquel 30 de abril de 2002 fueron los hermanos Urdangarin y sus padres, Juan Maria y Claire. A primera hora de la tarde llegaron los reyes Juan Carlos y Sofía junto a la infanta Elena y la princesa Irene de Grecia. Cuando sus abuelos estaban en la clínica con su hija, los hermanos mayores del bebé Miguel entraron en la habitación. El entonces príncipe Felipe, como si de una premonición se tratara, llegó el último, horas más tarde.

Nadie podía imaginar que años después Iñaki Urdangarin sería condenado a prisión, que su cuñado Felipe, en el trono, le iba a retirar el título de duquesa a su hermana y, por ende, a Urdangarin. Quién hubiera dicho entonces que Juan Carlos I viviría expatriado en Abu Dabi y que nadie iba a estar allí, en España, para echar una mano a la infanta Cristina cuando el abismo se abriera bajo sus pies. Eso lo iban a vivir los pequeños Urdangarin, siendo todavía pequeños, en sus carnes.

Pocas veces hemos visto a Miguel en los últimos años. El hecho de que viviera en Ginebra desde pequeño ha hecho difícil captar imágenes del joven. Mientras Juan, el mayor, ha sido siempre el tímido y Pablo, el segundo, el abierto y deportista, Miguel es el aplicado. Siempre, claro, con matices, que no hablamos de robots sino de niños. Es cierto, no obstante, que Miguel Urdangarin ha sido quien más interés ha demostrado siempre por sus estudios y, además, aprendió a tocar el piano en el colegio.

Muchos recuerdan aún hoy a sus padres en el auditorio del Liceo Francés viendo a su hijo actuar. Las clases las retomó en Ginebra cuando se mudó la familia y allí se repetía la escena, casi romántica, del niño al teclado y los padres admirados. Además, siempre fue bueno en mates y es algo que le sirvió después en sus estudios de Biología Marina en la Universidad de Southampton.

Las cosas han ido cambiando con el tiempo, cierto, y aquella distancia física y dolorosa se ha convertido hoy en un bálsamo. Un oasis que se ve truncado, eso sí, cuando Miguel tiene que viajar con su familia. Lo hemos contado: se convirtió en noticia en Grecia por besar a su madre y en Vitoria por abrazar a su padre.

¿Qué podemos decir de Miguel? Que ya no lleva gafas, como Pablo, así que suponemos que ambos se han sometido a una cirugía láser para acabar con la miopía. Quien esto escribe lo vio hace unos meses, en la cafetería Santa Clara, de Barcelona, situada en los bajos del hotel donde suele alojarse su madre cada vez que visita Barcelona, que suele ser cada quince días en periodo laborable. Aquel día Miguel trajinaba tranquilo con el bufet del desayuno, se sentaba a la mesa con su padre y su hermana y guardaba silencio mirando el móvil. Su hermana es más movida y habladora que él, y era quien conversaba más intensamente con su padre, con quien revisaba unos documentos.

Miguel es alto, pero no tanto como sus hermanos mayores, y lleva el pelo algo largo con la raya en medio. Viste clásico, con polos, camisas y pantalones chinos, y camina lento y relajado. Con su padre mantiene una relación también deportiva y juntos salen a correr por Barcelona, Vitoria, Ginebra o donde se encuentren.

Miguel es ahijado de su tío Felipe VI, quien ofició de padrino en su bautizo con mucho cariño (eran otros tiempos), y de su tía Lucía, la menor de los hermanos de Iñaki, con quien mantiene una relación fluida y familiar.

«Es muy buen estudiante, es un chico muy aplicado, extremadamente educado y correcto —señalan fuentes cercanas a la familia—. Y no es solo porque desde pequeños han vivido situaciones duras que les han hecho madurar de golpe, también ha sido cosa de sus padres, que han estado siempre pendientes de sus hijos, poniéndoles siempre por delante de todo, volcados en su educación».

«Juan siempre fue el hermano tímido y reservado, en las fiestas hablaba poco, se mezclaba solo con los niños que conocía, es muy distinto de Pablo y Miguel, que siempre han sido más pillos y bromistas», nos comentan. Las bromas son continuas entre los hermanos y quien más «duro» pega es Miguel, callado (no siempre) e inteligente como el que más, un tipo irónico y con grandes capacidades que suele reírse de todo desde la distancia. Quienes nos lo cuentan se ríen porque «ya de pequeño apuntaba maneras, siempre miraba de reojo, con los ojos brillantes y pensabas que se estaba riendo de ti por dentro, un niño listo y también cariñoso».

Las circunstancias familiares que han vivido han hecho que los hermanos sean una piña. Los Urdangarin hablan a diario, tienen un grupo de WhatsApp en el que comentan su día a día y se ven, nos dicen, mucho más de lo que sabemos. Los cuatro, siempre unidos, viven la crisis familiar reciente desde esa unión que siempre los ha caracterizado.

El tercer Urdangarin terminó el bachillerato en el prestigioso colegio internacional Ecolint de la capital suiza y después se mudó al Reino Unido, donde estudió Biología Marina. Se matriculó para empezar uno de sus sueños y lo ha conseguido. El joven se graduaba en julio de 2023: entre el 24 y el 26 podía ir a recoger su diploma.

La de su universidad no fue una graduación formal, con invitados, birretes y fiesta. Miguel pudo ir durante dos días a recoger su titulación universitaria. Por este motivo, ni su padre ni su madre viajaron a Inglaterra a acompañarlo.

Es la diferencia entre esta graduación y la de su hermana, Irene, en mayo en Ginebra. Allí se congregó toda su familia materna y parte de la paterna, siguiendo la tradición. Porque cuando Miguel terminó sus estudios en Ecolint, su fiesta de graduación fue muy parecida aunque con diferencias destacadas.

En aquel tiempo, quien no pudo estar fue su padre, que estaba preso en la prisión de Brieva. Pero sí que fueron sus abuelos, tanto Claire Liebaert como los reyes eméritos, y eso que hablamos del año de la pandemia, en la que los encuentros se redujeron. Por eso, en aquellas circunstancias, su familia lo acompañó, pero la fiesta no pudo ser tan multitudinaria como la de Irene.

Su abuelo, que en aquel tiempo pasaba una mala época y rumiaba ya marcharse de España, estuvo en el encuentro. Porque don Juan Carlos I es uno de los principales protectores de sus nietos. Les costea los estudios desde niños y en el caso de Miguel le ayuda con los gastos, nada desdeñables si tenemos en cuenta que las carreras universitarias y la vida británica son mucho más caras que en España. La matrícula, los libros, el alquiler y el día a día. Aunque, según nos aseguran, ninguno de los Urdangarin chicos es demasiado «gastón». Irene es otro cantar, porque le gustan las marcas y la moda, y eso ya es más caro.

Volvamos a Miguel: licenciado ya en Biología Marina, está pensando en estos momentos a qué dedicar su futuro. Nos cuenta que quiere estudiar algún tipo de máster, algo muy típico en el Reino Unido, donde las carreras universitarias duran solo tres años, y a partir de ese momento es cuando los jóvenes empiezan a especializarse para mejorar su currículum. Pero en el caso del joven Urdangarin, antes de decidir qué estudiará, quiere pasar unos meses pegado a la naturaleza, una de sus grandes pasiones.

Quienes lo conocen bien nos aseguran que es uno de los sobrinos de Felipe VI más responsables y quizá el más consciente de su capacidad intelectual. Eso lo ha convertido en un espíritu libre que quiere pasar unos meses cerca de las montañas, haciendo trekking, escalando y viajando por el mundo. Pegado, como decíamos, a la tierra y al mar.

Una vez haya vuelto de su periplo, se instalará de nuevo, con toda probabilidad, en el Reino Unido para especializarse y decidir entonces cuál será su camino profesional. Su gran pasión, decíamos, es la naturaleza, sobre todo el mar, y siempre ha sido así, por lo que seguro que estudia algo relacionado con los océanos. Lo cierto es que ni su entorno ni él mismo lo saben todavía, por lo que nadie nos puede decir cuál será su futuro académico o profesional. Lo que sí nos aseguran es que no creen que vaya a tener problema alguno en conseguir sus objetivos:

es un chico tenaz, voluntarioso, muy buen estudiante y con un alto coeficiente intelectual.

Tanto quienes lo conocen ahora como los que le conocían ya de pequeñito, nos comentan que Miguel siempre había sido la chispa de la familia, muy divertido, con una mirada penetrante e inteligente. Que siempre ha sabido lo que quería y ha sido, además, la alegría en casa. Los padres de Miguel están muy orgullosos de él y han ido a visitarlo más de una vez, tanto Iñaki Urdangarin como la infanta Cristina.

El campus en el que ha vivido estos tres últimos años es una maravilla, no muy lejos de Londres, rodeado de verde. La universidad es una de las más prestigiosas en su campo y Miguel se ha graduado con muy buenas notas. Cuando llegó compartía habitación con tres alumnos más. Más tarde se trasladó a otra habitación con quienes se han convertido en sus grandes amigos de la universidad.

Su abuelo ha seguido sus pasos casi a diario, sobre todo desde que se fue a vivir a Abu Dabi, donde, nos informan, recibe cada mañana un informe de cómo va la vida de los seis hijos de las infantas Elena y Cristina. A ellos les costea la vida, lo hemos contado aquí numerosas veces, y cuenta además con la ayuda inestimable del coronel Nicolás Murga, quien ha hecho de mentor de todos los Urdangarin y los Marichalar.

Tan poco se sabe de Miguel que todo lo que hace se convierte en noticia. Como cuando falleció su tío abuelo, el rey Constantino de Grecia, en 2023, y muchos se sorprendieron al verlo. Era un hombre lo que se dice hecho y derecho, y así actuó, además, en todo momento. Acaso sabiendo que su madre no pasaba entonces su mejor momento, que necesitaba de un detalle cariñoso, Miguel agarraba su mano y la besaba tiernamente. Un gesto que pasaría desapercibido en cualquier funeral pero que en ese caso, cómo no, como siempre, se convirtió en titular en los medios de comunicación.

Irene Urdangarin

La habitación de Irene Urdangarin en la casa de su madre en Ginebra es amplia y muy luminosa. Todas las paredes son blancas y están revestidas de madera desde el suelo hasta la mitad, lo que las hace parecer más nobles y fuertes. En el cuarto hay una gran mesa escritorio, también blanca, una cama doble esquinada y llena de cojines, y muchos armarios, porque a la chica, así nos lo cuentan, le gusta mucho la ropa y posee gran cantidad de piezas. Los grandes ventanales están cubiertos con estores y dan acceso al jardín. Entre libros, ropa y decoración juvenil, Irene mantiene en su habitación los restos de su infancia esfumada: hay peluches y algunos juguetes allí. Como Andy, aquel niño de *Toy Story* que quiere guardarse a Woody cuando se hace mayor, Irene se ha quedado algunas de las joyas de la Corona.

Los ventanales que dan al jardín de la casa la hacen más luminosa si cabe gracias al blanco inmaculado de la decoración. La casa en la que viven madre e hija es la que escogieron para mudarse ambas cuando Iñaki Urdangarin ingresó en prisión. La infanta Cristina no quería seguir siendo el objetivo de la prensa y aparecer día sí día también en algún medio de comunicación entrando y saliendo de su casa, por lo que decidió cambiar de vivienda y de barrio. Se fue a una zona mucho menos céntrica, donde hay más comercios y oficinas. Es allí donde Irene ha vivido los últimos años de su adolescencia.

En las paredes de ese cuarto blanco y luminoso, cuelgan fotografías por todas partes. Hay imágenes de los mejores momentos con los suyos, especialmente con su familia: su padre, su madre, su abuelo, sus amigos, sus primos todos y, sobre todo, sus hermanos. Son ellos, los tres Urdangarin de Borbón, quienes han cuidado y mimado a Irene desde pequeña. Entre todas las fotografías, lo cuenta, de nuevo, alguien que allí ha estado muchas veces, hay un hermano que sale muchas más veces que el resto: Juan, el mayor, una persona querida y adorada por todos a quienes se pregunta. Es más, cuando aparece su nombre en una charla, muchos cambian hasta el gesto y la mirada se torna, podríamos decir, amorosa.

Lo mismo le sucede a Irene, que adora a Juanito, a quien ha tenido siempre a su lado incluso cuando él sufría más que nadie. Si algo define a los hermanos Urdangarin es la palabra «familiar». Están los cuatro muy apegados a sus padres, con quienes siempre han formado una piña. Las circunstancias, en su caso, han sido favorables a que eso sucediera. Han vivido, lo sabemos ya, en diferentes partes del mundo y tantas veces han sido ellos seis, y solo ellos, quienes sufrían o disfrutaban de lo que le deparaba la vida. Han atravesado juntos el desierto, esta vez en sentido figurado, y cuando veían que llegaba la luz al final del túnel, la tormenta les volvió a caer encima. Papi, que es como Irene llama a su padre (la infanta Cristina es mami), siempre estuvo en el meollo de los asuntos. Por eso, quizá, Irene ha sido dura con Urdangarin. Por eso y porque cuando él ingresó en prisión, la niña era una adolescente que lo que quería era divertirse y estar con sus amigas.

Lo cuenta el periodista Nacho Gay en su libro *Relato de un naufragio*, uno de los momentos más duros de la vida carcelaria del exduque de Palma estuvo relacionado con Irene. El padre esperaba una visita de la hija como los niños esperan a los Reyes Magos, pero la magia se desvaneció y aquella visita nunca se produjo. El padre lloró desconsolado ante la ausencia de la hija porque pensó que su relación se había roto. No fue así, Irene ha estado allí, incluso cuando se supo que Urdangarin le había sido infiel a la infanta. Y una muestra de ese amor son las fotografías de Iñaki que cuelgan en las paredes de la habitación de Irene. Hay una en concreto, informan quienes han estado allí, que es especialmente tierna: se puede ver a Urdangarin padre con los brazos extendidos y una bebota en brazos, en el aire, como volando. La sonrisa de ambos es amor puro. Y ese amor puro cuelga en esas paredes.

Los niños Urdangarin de Borbón se han educado como una familia normal, dentro de lo posible, y eso queda patente en cómo tratan a su entorno y a quienes no conocen. Siempre responden a la prensa, con una sonrisa aunque sea forzada, son amables y educados.

La querencia por la educación queda también plasmada en las relaciones que los Urdangarin han tenido con su círculo. Cuando Iñaki y Cristina decidieron mudarse a Ginebra, lo hicieron por sus hijos. En especial por el mayor, Juan, que era quien más acoso sufría en la escuela por parte de sus compañeros, cuyos padres hablaban en casa de Nóos y hasta llegaron a decir que no querían a esos niños en el colegio. Conscientes de que la situación era insostenible y de que no podían seguir viviendo en el mal llamado palacete de Pedralbes, primero buscaron un piso de alquiler por la zona de Pedralbes y finalmente decidieron poner tierra de por medio.

Suiza se antojó la mejor de las opciones, algo que ahora se ha demostrado acertado. Se mudaron a Ginebra y se llevaron consigo a la trabajadora interna que los había acompañado desde sus primeros días como padres. Pero la señora se jubiló y ante la falta de trabajo de Iñaki, el matrimonio decidió que fuera él quien se encargara de la logística doméstica. Una mujer acudía unas horas a la semana para limpiar y poner orden, pero era Iñaki quien cocinaba casi a diario y llevaba a los niños al colegio. Era un perfecto amo de casa. Eso sigue pesando, y mucho, en los sentimientos de sus hijos.

Con su carácter divertido y abierto, y esa querencia por tocar y besar, muy alejada del control emocional monárquico, Urdangarin tenía a sus hijos encantados. «Es el típico padre ideal, siempre les hace reír, jugaba con ellos, les ha enseñado un montón de cosas. Mira Pablo, que es jugador de balonmano como su padre, su héroe». Lo ha escrito el mismo Pablo muchas veces en sus redes sociales. El segundo hijo del matrimonio tiene su cuenta de Instagram cerrada a cal y canto, sí, pero algunos de sus amigos nos han contado cómo ha publicado numerosas fotografías de su padre en las que ha escrito una palabra, «héroe», para definirlo. De nuevo, la misma palabra. El proceso judicial del caso Nóos no hizo más que unir a la familia. Los hijos apoyaron a ambos, veían cómo sus padres sufrían y les daban todo el cariño del que eran capaces.

Puede que esa victimización de Iñaki en su casa haya sido la que ha servido para que sus hijos comprendan que, después de todo lo que ha sufrido, haya decidido abandonar su anterior vida y buscar otro camino. Porque mientras la infanta lo vivió dolida, sus hijos se mantuvieron fuertes, cada uno como pudo, claro, pero no quisieron echarle nada en cara. Acaso Juan fue quien peor lo vivió, pero esa etapa está ya superada. «Nos querremos igual» fue la frase de Pablo el mismo día en el que aparecieron las imágenes de Urdangarin con su actual novia,

Ainhoa Armentia, en la revista *Lecturas*. Y aunque no es igual el amor, sí que sigue siendo fuerte y profundo.

Nacimiento

El 5 de junio de 2005, Rafa Nadal se convertía en el ganador más joven de la historia en ganar el torneo Roland Garros. Tenía diecinueve años y allí estaban los reyes, Juan Carlos y Sofía, para aplaudir al tenista. Pero en el primer set, la reina se tuvo que levantar y marcharse rápido y corriendo: había nacido la primera hija de la infanta Cristina y, como en los demás nacimientos de sus nietos, quiso estar presente. Aquel día, la primera en llegar fue la infanta Elena y, al salir de ver a su sobrina, la definió con dos palabras que podrían repetirse ahora y nadie se equivocaría: «Es monísima». Así es Irene Urdangarin y así ha sido a lo largo del tiempo: la hija monísima, cariñosa y buena.

«Irene es la niña buscada y deseada, el ojito derecho de su padre, una preciosidad estudiosa, obediente y buena que ve en su padre a un hombre víctima de todo», comentan los amigos de la familia a quien esto escribe. A la bebé la bautizaron, como el resto de sus primos, en el palacio de la Zarzuela con aguas traídas del río Jordán. Así informaba en su momento la Casa Real: «El bautismo ha sido celebrado con agua del río Jordán —siguiendo una tradición de la familia real—, la pila del Palacio Real —palangana de plata sobredorada realizada en la Real Fábrica de Platería, utilizada en el bautismo de todos los nietos de sus majestades los reyes —y la concha de cristianar de la Capilla Real del Palacio Real —elaborada en plata sobredorada—. El acto concluyó con una ofrenda a la Virgen, como es tradición en la familia real». Los padrinos fueron Pedro López de Quesada y Rosario Nadal, esposa entonces del príncipe Kyril de Bulgaria. Aquel día hacía mucho calor y muchos recuerdan la imagen de la entonces princesa de Asturias, doña Letizia, dándole al abanico con intensidad: se encontraba en los últimos meses de embarazo y pese a que el bautizo se celebró a las ocho y media de la tarde, el calor madrileño apretaba de lo lindo.

Buscaban la niña desde hacía tiempo. Así que cuando nació Miguel Urdangarin, la infanta Cristina tuvo un punto de decepción porque querían tener una hija. Lo contaba su marido, Iñaki Urdangarin, quien bromeó a las puertas de la clínica Teknon sobre el supuesto «enfado» de su mujer. El nacimiento de Irene supuso, pues, una gran alegría para ambos. Incluso tenían pensado el nombre de la niña mucho antes de que doña Cristina se quedara embarazada. Irene cumplía, según su padre, «todas las expectativas del planteamiento de familia que nos habíamos hecho». Y eso no ha cambiado a lo largo de los años. Irene ha sido siempre la niña protegida de casa, la pequeña de cuatro hermanos, «la mimada, en el buen sentido de la palabra», nos dicen desde el círculo de los exduques de Palma.

Ya entrada en la adolescencia, aquella pequeña de pelo rubio casi blanco se ha convertido en una chica «moderna, estudiosa, alegre, deportista, apegada a sus padres y con querencia por la moda». Esto último lo evidencian, además, los looks que suele lucir en sus escasas apariciones públicas.

Cuando Irene tenía solo cuatro años sus padres decidieron mudarse a Washington DC, un traslado forzado, como ya hemos contado, porque los rumores sobre los desmanes del entonces duque de Palma corrían ya como la pólvora en las redacciones de este país. La única hija de la infanta Cristina vivió feliz y ajena a todo sus años de infancia, primero en Barcelona, donde creció juntos a sus primos, los hijos de Ana Urdangarin, la hermana mayor de Iñaki, con quienes mantiene una amistad que va más allá de su relación familiar. Después, en Estados Unidos, su vida fue la de una princesa. Todos sabemos que en el país no hay nobleza, así que una familia entroncada con la realeza española era objeto de adulación y admiración en un barrio, además, elitista y rico como era el que escogieron ellos.

Pero tuvieron que volver a España tras la imputación de Iñaki Urdangarin, y la posterior imputación de la infanta Cristina. Y esa vuelta no fue fácil, lo hemos contado aquí. Aquel retorno lo vivió Irene con siete años, demasiado pequeña acaso para darse cuenta de lo que sucedía realmente en casa, demasiado mayor quizá para no enterarse de que su presencia incomodaba a muchos. Tenía que ser consciente porque hubo momentos de tensión abierta. Cuando los niños tenían función en el colegio, el padre se quedaba en un rincón del final del salón de actos para que nadie lo viera, no se diera el caso de que decidieran reprocharle algo. En aquellas entradas y salidas casi de incógnito, contaba con el apoyo de Mario Pascual Vives, amigo y abogado, personaje que sigue mostrándole su apoyo contra viento y marea. Si los niños tenían una competición deportiva, sucedía lo mismo, con ambos progenitores. La infanta Cristina pasó de ser la reina de la colmena de abejas a ser una mujer sola en el avispero. «Era como si tuvieran un imán que en lugar de atraer, expulsara a los demás de su lado», recuerda una amiga de aquellos tiempos.

En esa crudeza, la familia de Ana Urdangarin, la hermana mayor de Iñaki, se convirtió en su sombra y su pilar. «Con Iñaki y Cristina. *With Iñaki and Cristina. Amb l'Iñaki i la Cristina. Iñaki eta Cristinarekin*». La misma frase, en varios idiomas, apareció en la foto de perfil de WhatsApp del móvil de Ana Urdangarin durante años. Escrita en castellano, inglés, catalán y euskera, sobre un fondo blanco con letras de tipografía Courier New, la mayor de los siete Urdangarin Liebaert siempre quiso dejar claro que su hermano y su cuñada, y por ende sus cuatro hijos, eran una prioridad. Nada que ver con el papel de la familia del rey. La infanta Cristina vio cómo su hermano le daba la espalda, no hay fotos de ellos dos más que en el 80.º cumpleaños de la reina Sofía, cuando la Casa Real distribuyó una imagen en la que aparecían todos los hijos de los reyes eméritos con sus hijos. Solo una pareja: la reina Letizia. Los Urdangarin contaron siempre con el apoyo de la reina Sofía y de la infanta Elena. Tanto es así que cuando vivían en Washington y eran casi el diablo reencarnado, la reina Sofía se plantó en la capital americana y se dedicó a pasear con su hija, su yerno y sus nietos ante la cámara de un fotógrafo que casualmente estaba allí y vendió las fotografías a la revista *¡Hola!*; fue la portada.

El apoyo de doña Sofía y doña Elena se sumaban a los de los Urdangarin de tal manera que la infanta Elena pasaba vacaciones en Vitoria y en Bidart con la familia política de su hermana. Es más, cuando Iñaki Urdangarin viajó de Ginebra a Madrid para ingresar en prisión, la última noche durmió en casa de doña Elena. Ello demostraba, una vez más, la unión de las familias, más fuerte que un huracán. Y, bueno, hemos dicho que Iñaki durmió, pero lo cierto es que no pegó ojo.

Era junio de 2018 y la infanta Elena había viajado a Ginebra para estar con el matrimonio en uno de los peores momentos de su vida. Urdangarin iba a ingresar en la cárcel a las pocas horas y todo su mundo se venía abajo. Estaban todos preparados, padres e hijos habían trabajado para vivir ese momento con calma y para darle apoyo al patriarca, que era quien debía pasar lo peor de todo. Psicólogos, educadores y familia formaron parte de un proceso de preparación que se alargó durante toda su estancia en prisión.

Era casi de noche cuando Urdangarin aterrizó, el 17 de junio de 2018, en el aeropuerto Adolfo Suárez Madrid-Barajas procedente de Suiza. Los medios captaron su imagen, cabizbajo, con una mochila y poco más, y le perdieron el rastro una vez salió del aeropuerto y se metió en un coche. Pocos sabían que su destino era ese piso del barrio del Niño Jesús en el que vive doña Elena desde 2009. Urdangarin pasó allí su última noche en libertad, acompañado de su cuñada, desvelado, nervioso y charlatán. «No podía dormir y hablaba y hablaba, tomaron infusiones y trataron de pasar el tiempo lo mejor posible dentro de lo mal que estaba todo. Iñaki tenía los nervios a flor de piel aquel día», recuerdan allegados de la familia.

En enero de 2021, el exduque de Palma lograba el tercer grado y todo cambiaba. La infanta Cristina estaba feliz y así se lo comunicaba a todo su entorno, que notó un cambio de actitud en ella. Con la obtención del tercer grado el camino ya no tenía vuelta atrás y sus vidas se dirigían, veloces, a la última parte de ese plan que habían preparado con ayuda durante años: en unos meses, esperaban poder vivir todos juntos en Ginebra. Ese tenía que haber sido el final de la partida.

Volvamos a la familia de Ana Urdangarin, los Gui. Tenemos que saber quiénes son porque forman parte del núcleo duro de Irene, que cuenta con sus primos para todas sus escapadas a Barcelona, que son muchas. La hermana mayor de Iñaki es una farmacéutica de exitosa carrera que había trabajado desde 1986 en Nestlé. Ya jubilada, vive con su marido, el empresario Carles Gui, y tienen cinco hijos: Lucía (1984), Jan (1986), Lucas (1988), Carlota (1990) y Hannah (1996). Los cinco estudiaron en el colegio Oak House de Barcelona, una escuela elitista de la zona alta que imparte un currículum británico. Cada alumno debe pagar una cuota de unos 800 euros mensuales. Siempre han sido una tradicional familia bien, conectados con las grandes familias de la burguesía catalana. Algunos de los sobrinos del exduque habían trabajado para Aizoon, sociedad que comparte la pareja en un 50 por ciento y por cuya actividad se imputó a la infanta. Jan tuvo incluso que declarar ante el juez por su implicación en el caso por la labor desempeñada de 2007 a 2009. Nunca fue imputado. Lucía, por su parte, trabaja de planificadora de Urbanismo en Suiza, una labor que desempeñó en Aizoon de 2006 a 2008.

La relación de Iñaki con sus sobrinos es muy estrecha. Hay que tener en cuenta que convivieron durante una época. Fue cuando Iñaki decidió abandonar la residencia Blume, donde vivió dos años como deportista de élite, y para llevar una vida más normal —esa normalidad que pesa en todos los miembros de la familia por su ausencia— y no depender de los horarios estrictos de un centro deportivo. Entonces se mudó a casa de su hermana, ya casada con su actual marido. «Iñaki era muy cariñoso con sus sobrinos, le encantaba hacer pasteles con ellos», dicen quienes conocen a la familia. El exduque es un gran cocinero y disfrutaba jugando a cocinillas con los pequeños.

Pasó un tiempo en esa casa, situada en un antiguo edificio del barrio de Putxet. Al tiempo se mudó a un pequeño apartamento de unos 50 metros cuadrados cerca de la casa —casa, no piso— de su hermana.

Ese mismo apartamento, el que compartía con su novia Carme Camí, es el que abandonó por irse a vivir con la infanta. Del Putxet, familiar y tranquilo, a Pedralbes, rico y elitista. Ana Urdangarin es quien ha heredado la responsabilidad de «unir» a los Urdangarin, si es que alguna vez lo han necesitado. A la muerte del padre, José María, los hermanos rodearon con cariño a la madre, Claire Liebaert. A sus ochenta y ocho años, con una frágil salud, pasa largas temporadas en Barcelona, en casa de Ana. La misma casa en la que se alojan con frecuencia los Urdangarin de Borbón cuando visitan Barcelona. Ya sea por placer o por obligación. Iñaki y Ana son los únicos de los siete hermanos que optaron por seguir viviendo en la Ciudad Condal. Criados en los primeros años de vida en Zumárraga, ciudad natal del patriarca, se trasladaron a la capital catalana por el trabajo del padre, directivo de la empresa Fuchs casi veinte años. Una vez terminó el destino, volvieron al País Vasco, esta vez a Vitoria, pero Ana se quedó en Cataluña. Menos de dos años después, Valero Rivera llamaba a filas al deportista para que entrara a formar parte del equipo de balonmano del FC Barcelona. Y se creaba aquel llamado *dream team* del balonmano español.

La conexión entre la mayor y el pequeño no acaba aquí. Los Urdangarin tienen una casa familiar en Viladrau, un municipio del Montseny. Allí pasaban los veranos, los fines de semana, algunos festivos... Una vez los padres volvieron a Euskadi, Ana fue quien se responsabilizó de la casa. Puede que alguno recuerde que fue precisamente en ese pueblo en el que Cristina e Iñaki se escondían cuando empezaron su noviazgo. «El pueblo cómplice», lo bautizó la prensa. Y allí pasa Urdangarin algunos días de vacaciones desde que se separó de la infanta Cristina. Lo han visto en bicicleta por las montañas empinadas del Montseny, donde todos lo conocen y donde todos, como siempre, callan.

Nunca ha habido duda de la unión que existe entre los hermanos Urdangarin. Todos han cerrado filas en torno a su hermano y su cuñada. Por eso, cuando estalló el caso Nóos, emitieron un comunicado para que no hubiera dudas. «Nuestro hijo y hermano Iñaki está siendo sometido a una dura e incesante campaña de acoso y desprestigio social. Queremos que sepáis que nuestro apoyo es total e incondicional. Los que lo conocemos sabemos que es una persona íntegra y buena y tenemos confianza en que la verdad saldrá a la luz cuando esto acabe». La carta fue enviada a los medios el 23 de febrero de 2012 y esa unión, con la separación de los exduques, presenta ya algunas grietas.

Las primeras quedaron en evidencia en la graduación de Irene Urdangarin, de la que daremos cuenta en unas líneas. Fue en mayo de 2023 y por allí no apareció ni uno de los familiares vascos de la sobrina de Felipe VI. Sí, estaban los Borbón casi al completo (no viajaron ni los reyes Felipe y Letizia, ni sus hijas Leonor y Sofía), pero no había nadie de la familia de Iñaki Urdangarin más allá de su madre, Claire Liebaert, quien hizo de tripas corazón y viajó hasta Ginebra para encontrarse con sus exconsuegros. La relación de la familia Urdangarin con los reyes eméritos, en especial con don Juan Carlos I, está rota desde hace años. Es mucho más que tensa, es malísima. Así que todos, al completo, decidieron no acudir a la graduación para no tener que mantener una reunión que a pocos les apetecía.

No estaba Ana Urdangarin, que es algo más que una tía para Irene. La hermana mayor de Iñaki ha estado siempre a su lado y es, además, una de las grandes amigas de la infanta Cristina. Tampoco estaban ni Mikel ni Clara, piezas fundamentales en la vida del exmatrimonio, en especial cuando pasaron por todo el delicado proceso del caso Nóos. Mikel y Clara estuvieron en Palma de Mallorca durante los duros días del juicio, apoyando a su hermano y a su cuñada, a quienes abrazaban con cariño y sentimiento. Porque su cuñada, la infanta Cristina, ha sido siempre mucho más que eso.

Una prueba evidente de todo ello es que el verano pasado, cuando Iñaki Urdangarin no pudo ir a las bodas de sus sobrinos americanos —los hijos de Cristina Urdangarin Flood—, fue la infanta Cristina quien acudió. Allí, en Chicago, se divirtió arropada por toda su familia política. Con ella viajaron sus cuatro hijos, también Irene, claro, y se los vio divirtiéndose y bailando. Los primos Urdangarin al completo pasaron unos días juntos, algo que no repitieron ese fin de semana en Ginebra. Ni siquiera Diego Urdangarin, hijo de Mikel, muy unido a Irene, estuvo en su graduación, aunque no vivía demasiado lejos: como bailarín forma parte de un cuerpo de baile clásico en Alemania. Tampoco viajaron a Ginebra ninguno de los cinco hijos de Ana, los Gui, y eso que Carlota, una de esas primas barcelonesas, vivió con la familia Urdangarin de Borbón en Ginebra durante una temporada.

Carlota es la hermana de Jan, Lucía y Lucas Gui Urdangarin, quienes estuvieron relacionados con el caso Nóos, lo que les perjudicó mucho personalmente en su momento. Uno de ellos tuvo incluso que declarar ante el juez. Lucía es la primogénita; Jan, el único que ha tenido que declarar ante la justicia, y Lucas, el tercero. Además, está Hannah, la pequeña de la familia de Ana Urdangarin. A los treinta y dos años, Carlota Gui Urdangarin fue madre y su prima Irene ejerce de tía entregada. La única hija de la infanta Cristina suele encontrarse con su prima Carlota en Ginebra. Una de las personas que más cerca ha estado siempre de Irene es ella. Juntas aparecieron en las revistas de papel cuché en la ciudad suiza: la joven trabaja para una entidad relacionada con la Unión Europea desde hace años. Primero se mudó a esa ciudad suiza un tiempo para proseguir sus estudios, tras lo cual se trasladó durante una temporada a Maastricht, donde amplió sus conocimientos y empezó su actividad laboral. Ahora ha vuelto a Suiza, donde comparte tiempo con Irene, quien ejerce de tía orgullosa con el pequeño.

El día a día de la única hija de la infanta en Ginebra, hasta terminar el bachillerato, ha sido muy sencillo. Acudía a clase al Ecolint —que no es ni mucho menos de los más caros del país—, tiene un grupo de amigas muy íntimo y cerrado que la apoyan y con las que hace planes continuamente. También suele salir de compras, algo que antes hacía con su madre pero que ahora hace con las amigas y con su prima, a veces, puesto que doña Cristina prefiere no dejarse ver demasiado. Suele escaparse algunos días a los Alpes a esquiar, algo que hacía mientras era menor de dieciocho años acompañada de dos escoltas, vigilancia que ha perdido con la mayoría de edad.

Lo de los escoltas es un asunto peliagudo, porque enciende la indignación de la sociedad. Ninguno de los seis sobrinos del rey cuenta ya con seguridad del Estado. Ni siquiera Felipe en Emiratos, que puede contar con alguna ayuda por parte del equipo del abuelo, don Juan Carlos, que sí tiene seguridad, además de muchas otras ayudas. Irene, por su parte, ha vivido los últimos años en Ginebra sin escolta personal; si la acompañaba algún agente de la Policía Nacional —los encargados de velar por la seguridad de las hermanas del rey—, era algún miembro del equipo de su madre. Solo en sus visitas a España se le adjudicaba un dispositivo con el que, insistimos, ya no cuenta en Suiza.

La joven aprovecha sus salidas para beber algo y tomar un *brunch*, una de sus aficiones. También juega al tenis y le encanta la moda, aunque no piensa dedicarse a este sector. No sabemos lo que va a estudiar, todavía no lo ha decidido, aunque quienes la conocen destacan su vertiente artística y de letras. Quiso estudiar Hostelería, pero finalmente dio carpetazo a esa carrera. Además, Irene viaja mucho a Barcelona, con más frecuencia de lo que aparece publicado, nos dicen quienes la conocen. En la capital catalana tiene amigos y familia, y a su hermano Pablo. «Aquí está muy cómoda», cuentan sus allegados. Y muchos de estos viajes los hace sola, sin la compañía de su madre. Antes de que la crisis entre sus padres estallara, la joven solía visitar la capital catalana al menos una vez al mes. Se aloja en el hotel de su madre y en casa de sus tíos, los Gui, y visita a muchos amigos, quienes todavía estudian en el Liceo Francés, así que es fácil verla por los alrededores a la hora en la que terminan sus clases.

La sobrina de Felipe VI, decíamos, tiene pasión por las tendencias y suele vestir según la moda. Lleva pendientes largos, luce zapatillas deportivas como Converse, las Samba de Adidas —hay lista de espera para comprarlas— y también tiene varios pares de Golden Goose —estas últimas rondan los 500 euros el par—. Las marcas que arrasan entre las adolescentes con más posibles. Alta, delgada, rubia y de bello rostro, suele llevar su larga melena atada con un moño *casual*, lo que le da un aspecto más esbelto si cabe. A sus padres los llama con un apelativo cariñoso, «papi» y «mami», y suele ser muy mimosa con ellos. Con la infanta bromea, se ríe y le demuestra su amor, ahora más que nunca. «Se deshace en abrazos y besos», informan sus allegados. Y ha recompuesto su relación con su padre, tras la crisis inicial al saberse de su noviazgo con Ainhoa Armentia.

La ausencia de casi toda la familia Urdangarin en la graduación de Irene responde a varios motivos. Algunos primos estuvieron con ella en la celebración de su 18.º cumpleaños, una fiesta para la que la infanta Cristina llenó la casa de imágenes. Las dos infantas, tanto Elena como Cristina, son muy aficionadas a la fotografía, tienen buenas cámaras y saben cómo encuadrar, enfocar y sacar el mejor partido de lo que tienen delante. Al ser conocedoras del medio, saben escoger una buena foto y disfrutan seleccionando la mejor para ocasiones especiales. Eso hicieron cuando Irene cumplió la mayoría de edad: captaron imágenes de la fiesta que celebró, muy íntima, con algunos amigos además, nada que ver con la fiesta de puesta de largo que organizó su prima, Victoria, para su 18.º cumpleaños.

Volvamos un momento a los motivos de la ausencia de los Urdangarin Liebaert en la graduación de Irene, que fue sonada y planteó muchas preguntas. Las respuestas nos las dan amigos de la propia infanta y de Ana Urdangarin, personas que han mantenido una amistad en el tiempo con ambas, que las califican de «mejores amigas además de cuñadas» y que nos hablan ahora de un distanciamiento por el que culpan a Ana. El divorcio entre la infanta y Urdangarin ha provocado una explosión familiar que nadie esperaba: la tensión entre los miembros del exmatrimonio ha ido en aumento en 2023 y en verano de ese año la relación se ha roto. Y con ella, las negociaciones sobre el divorcio. Urdangarin pide una compensación, por lo que la negociación se ha complicado.

«Cristina lo ha pasado muy mal, también durante su matrimonio, era muy celosa y tenía miedo de que alguna mujer se acercara a su marido con intenciones, porque además él siempre tonteaba», recuerda una de las amigas de la pareja. «Después llegaron sus "problemas", todo se complicó aún más y ella lo dejó todo, absolutamente todo, por su marido. Es normal que ahora esté enfadada, yo lo estaría». Así pues, la infanta, cuando se escribían estas líneas, había decidido no aceptar las peticiones económicas de su exmarido. Es más, según las mismas amistades, en un momento de máxima tensión, le dijo a Iñaki que si quiere publicar unas memorias, que las publique. La hija de los reyes eméritos considera, señalan las mismas fuentes, que todo el daño que podían provocar a su padre unas memorias de Urdangarin ya está hecho por parte de los medios y que los únicos que saldrían perjudicados serían sus hijos. Así se lo dijo a su exmarido, quien se quedó sorprendido porque de pronto perdía uno de los ases que se guardaba en la manga.

Las exigencias económicas de Iñaki son demasiado altas, aseguran las mismas fuentes, que añaden su propia opinión: «Le hemos dicho que se equivoca, pero no atiende». Y la infanta Cristina no las ha aceptado; es más, don Juan Carlos, que ha estado en la negociación desde el principio, se ha apartado del proceso y ha rechazado también las demandas. Esta separación ha provocado una ruptura familiar, es decir, los hermanos de Iñaki han cortado la relación con la infanta Cristina. En invierno y verano de 2021, la hermana de Felipe VI viajaba a Vitoria y a Bidart y paseaba con sus excuñadas. Incluso en agosto de 2022 se iba a Estados Unidos con ellas para celebrar la boda de los hijos de Cristina Urdangarin Flood, la hermana de Iñaki que vive en Minnesota desde hace décadas. En estos momentos, así nos lo aseguran, ese escenario sería impensable.

Pese a que doña Cristina mantiene una relación educada con la familia Urdangarin, ya nada es lo mismo. No hay intimidad y menos, afecto. La relación con Ana, la que fuera su gran amiga además de cuñada, se ha enfriado hasta tal punto que sus amigos le hacen saber que no consideran que sea buena decisión. «Pero ella sigue en sus trece, está indignada con Cristina», insisten. Fue Ana quien un día en una cafetería con amigas pronunció la famosa frase de «Si mi padre viviera, quemaría la Zarzuela». Pues bien, ahora son todos los Urdangarin quienes harían «arder» la Zarzuela para defender a su hermano. Entienden que la infanta esté dolida por la infidelidad de su marido, pero no que haya vuelto a abrazar a su familia, la misma que le dio la espalda en los momentos más difíciles, una familia a la que todos los Urdangarin señalan como responsable de sus males. Incluso de su divorcio.

Ana ha dejado de hablarse con su cuñada, a quien culpa de todos los sufrimientos que ahora padece su hermano. La que fuera confidente de la infanta, informan fuentes muy cercanas a la familia Urdangarin, «se ha convertido al republicanismo y es casi anarquista, odia todo lo que tiene que ver con la familia real, siempre los culpó a ellos y ahora también a Cristina». Hay un dato importante que hay que tener en cuenta para entender las relaciones familiares y cómo afectan al devenir de los hijos. Cuando Urdangarin estaba en prisión, les decía a sus amigos, cuando lo visitaban, que le habían prometido una vida solucionada una vez estuviera fuera, que no tenía que preocuparse por nada. Pero cuando obtuvo el permiso para vivir en libertad —aunque condicional—, se encontró que no tenía más hogar que el de su madre y que para vivir, necesitaba un empleo. Lo encontró en una céntrica gestoría de Vitoria, adonde iba en bicicleta a diario y donde tenía un sueldo de 1.000 euros, tal como ha informado su abogado, Mario Pascual Vives, que lamentaba que su cliente tuviera que verse en esa tesitura.

Una situación que consideró injusta y que puede explicar el que cuando entabló amistad con una compañera de trabajo que andaba en crisis con su marido terminó convirtiéndola en una relación que haría saltar por los aires a la familia entera. Que fuera premeditado, es decir, que Iñaki Urdangarin tenía pensado separarse de su mujer por aquella colega es algo que todos los que lo conocen niegan. Era, de nuevo, una relación extramatrimonial que no tenía que afectar a su matrimonio. Pero aparecieron las fotografías con él de la mano de aquella mujer y ya nada volvió a ser lo mismo. Acaso el subconsciente de Urdangarin había escuchado mejor sus sentimientos que su yo consciente y decidió hacerle caso. Si Iñaki quería tener un futuro tenía que romper con su pasado y en ese pasado, la infanta Cristina y toda su familia tenían un peso demasiado difícil de cargar.

Con el divorcio sin resolver y las relaciones entre los Urdangarin y la infanta tocadas casi de muerte, a finales de junio de 2023, a pocos días de su fiesta de cumpleaños, Irene celebraba su fiesta de graduación. La familia Borbón Urdangarin realizó una visita exprés de apenas veinticuatro horas en la ciudad suiza aunque, lo hemos mencionado ya, no estuvieron todos: ni don Felipe, ni doña Letizia ni sus hijas, la princesa Leonor y la infanta Sofía, acompañaron a la joven. Estuvieron, siempre juntos y unidos como una roca indestructible, los seis sobrinos del rey. Los acompañaron los artífices de esa unión: los reyes Juan Carlos y Sofía.

Los detalles de la fiesta los fuimos conociendo poco a poco, según se iban sucediendo los acontecimientos. El rey Juan Carlos voló en compañía de Felipe Froilán desde Abu Dabi, donde ambos vivían en ese momento. No era la primera vez que volaban juntos desde Emiratos: en enero habían viajado en el mismo avión a Grecia para despedirse de Constantino de Grecia en su funeral. Un día antes de la graduación, a primera hora de la mañana, más concretamente, a las diez menos cuarto, la infanta Cristina y sus hijos pequeños, Miguel e Irene, se trasladaban hasta el aeropuerto Adolfo Suárez Madrid-Barajas para tomar un vuelo a Ginebra. Dio la casualidad de que un reportero televisivo del programa *Y ahora Sonsoles* había tomado el mismo vuelo y se publicaron incluso imágenes de los jóvenes dentro del avión. Cosas de ser sobrino de un rey. La infanta Elena volaba con su hija Victoria y con su madre, la reina Sofía, desde Madrid, e Iñaki hacía lo propio con su madre desde Vitoria.

Parte de la familia se alojó en el hotel Four Seasons des Bergues de Ginebra, convertido esos días en el punto de encuentro de la familia. Las imágenes las proporcionaron en directo desde *El programa de Ana Rosa* y en ellas pudimos ver a unas sonrientes primas Irene y Victoria Federica cruzar el umbral del exclusivo establecimiento juntas, divertidas y escoltadas por el que fuera duque de Palma, regalándonos la primera imagen para la posteridad. Junto a ellas también estaban la infanta Cristina, su exsuegra, Claire Liebaert, y su primogénito, Juan. El objetivo no era otro que dar la bienvenida a la otra delegación real en Ginebra: don Juan Carlos, doña Sofía y la infanta Elena descansaban en su interior a la espera de recibir la orden de cambiarse de ropa para poner rumbo a la graduación. Algo que harían más adelante.

Los mayores se alojaron en el Four Seasons pero los Marichalar durmieron en casa de la infanta Cristina, tal como nos aseguran desde el seno de la familia. Allí disfrutaron de la compañía mutua, de descansos y risas, como si siguieran siendo aquellos niños que correteaban por los jardines de Marivent sin más preocupación que decidir cómo tirarse a la piscina. Ya no son niños, ni mucho menos, y como vemos, todo lo que hacen se convierte en oro para la prensa. Una de las cuestiones que más páginas ha llenado en los últimos años es la imagen de las dos sobrinas del rey. Irene, aquella bebé «monísima», según palabras de su tía Elena, sigue manteniendo un aura de belleza que la distingue entre la multitud. El día de su graduación escogió un conjunto de Zara de la colección de verano que se vendió como rosquillas. Era una camisa de corte murciélago y una falda larga de hilo blanco bordada con detalles del fondo del mar.

La periodista especializada en moda Paula Mata ha analizado las prendas que luce Irene en numerosas ocasiones y la conclusión es clara: a la joven le gustan las marcas. Se pudo comprobar en una visita que Irene hizo a Barcelona días antes de su graduación. Paseó por las calles de su barrio barcelonés, Pedralbes, luciendo algunas piezas que ya querrían en su armario las *fashionistas* más acérrimas. Lo decimos, en especial, por el bolso Timeless —traducido al español significa «eterno»— que lució la joven en una reinterpretación que hizo Karl Lagerfeld. Lo contaba Mata en *Vanitatis*: es la versión que hizo el káiser de la moda del bolso más emblemático de Chanel, el 2.55, y de ahí que sea uno de los más codiciados hoy en día entre las coleccionistas de bolsos.

Así lo presenta al mundo la casa de lujo francesa: «Creado por Karl Lagerfeld tras su llegada en 1983, el bolso 11.12 reinterpreta el icónico bolso 2.55». Y lo vende en su tienda online al precio de 9.700 euros. Clásico y deseado, es un ejemplar que no se puede comprar, ni de segunda mano, por menos de 4.000 euros. Un accesorio fabricado en piel acolchada de color negro con correa de cadena y con el identificable logo de la Maison con las dos C entrelazadas como cierre eleva a la altura de una *fashion insider* a la joven de dieciocho años. De la familia de su madre, su tía Elena y su prima Victoria Federica son las únicas que, al igual que ella, lo tienen en su poder. Menos costoso, otro bolso que hemos cazado en sus atuendos es el superventas de Longchamp, el llamado Le Plagie. Plegable y ligero, se ha convertido en un modelo de culto en todo el mundo, entre otras razones por su precio más asequible: vale algo más de 100 euros.

Después de centrarse en el bolso Chanel por excelencia, Paula Mata analizaba así el estilo de Irene. Demos voz a los expertos: «Mezclar prendas *low cost* con accesorios prémium es una práctica habitual y muy extendida entre famosas y *royals*. Irene Urdangarin es una más. Con un estilo que tiende a la estética *sporty*, algo que hemos comprobado estilismo a estilismo en las contadas fotografías que tenemos, suma guiños a las tendencias. Suele llevar siempre vaqueros, de corte *boot cut*, también otros altos de cintura y anchos de piernas, en modo *wide leg* o pantalones tipo cargo que tanto gustan ahora a las chicas de su edad. Los mezcla con sudaderas de colores llamativos, lisas o con mensaje. Hay espacio en sus estilismos para prendas de punto, como el último jersey naranja vibrante con bordados blancos a contraste, camisas blancas de corte *oversize*, chaquetas de cuero y camisetas *cropped*. El blanco y el negro, juntos o por separado, cuentan con representación en su armario. A finales del año pasado, para celebrar el 59.º cumpleaños de la infanta Elena, la reina Sofía, su hermana, Irene de Grecia, la infanta Cristina y la propia Irene Urdangarin asistieron juntas a un concierto en el Auditorio Nacional de Música de Madrid. Para esta cita nocturna, el negro tiñó todo su look: americana corta de piel, blusa, pantalón, accesorios y pendientes dorados».

Las joyas de la Corona en su repertorio de calzado son sin lugar a duda las zapatillas de deporte. Irene combina sus *sneakers* con pantalones blancos, chinos de colores, jeans y sastres negros como una de las señas de identidad de su guardarropa *teen*. Lo curioso no es que sienta predilección por este calzado deportivo, sino que sea dueña de los pares más deseados. Como el modelo Samba de Adidas. Sobre este modelo, Mata nos cuenta: «Completamente agotado y fuera de juego, son muchas las *influencers* de moda que las tienen, pero muchas más las que quieren comprarlas y, avatares de la moda, no consiguen porque llevan varias temporadas agotadas y sin stock. Con un precio de salida que parte de los 120, son las zapatillas de deporte más buscadas. Básicas y elementales en cualquier buen fondo de armario que se precie, el bestseller de Converse, las Chuck Taylor All Star de botín con cierre de cordones, puntera engomada y suela blanca, también están en su poder. Cerramos este repaso con otras zapas de culto, las Super-star de Golden Goose. Rondando los 450 euros, son un *must-have* entre las jóvenes de su clase, aunque no todas se lo pueden permitir. Irene y su prima Victoria Federica sí».

Gustos heredados y compartidos

Ahora que ya sabemos todos que las infantas Elena y Cristina heredarán una fortuna, ahora que el patrimonio del rey Juan Carlos I es público y notorio, sus hijas ya no se esconden. Y muestran su querencia por el lujo con total libertad. Es lo que se llama «lujo silencioso», esos fondos de armario llenos de piezas de máxima calidad que solo los entendidos reconocen. Fondos de armario por los que muchos suspiran. No hay logos, no hay brillos, no hay ostentación. En la actualidad son tendencia. Una corriente que huye de las estridencias y los logos, imponiéndose el más absoluto minimalismo. Han sido años, décadas, en que las infantas han mantenido un perfil bajo. Sobre todo con su imagen. Las hermanas del rey Felipe siempre han mostrado looks atemporales, sin grandes alharacas. Pero parece que los tiempos han cambiado.

Nunca —o casi nunca— se han decantado por logos y marcas, ni ellas ni tampoco sus hijos, a excepción de Victoria Federica de Marichalar. La hija de la infanta Elena fue la primera en pasearse con bolsos de firmas de lujo, algo que se atribuía al gusto por la moda de su padre, Jaime de Marichalar, y por su cargo como consejero del conglomerado de moda LVMH desde hace más de veinte años. Además, la misma Victoria aclaró en la entrevista a *Elle* que el Chanel que luce con orgullo lo heredó de su abuela paterna. Si nos fijamos en las apariciones públicas de las hermanas de Felipe VI, en especial durante la graduación de Irene Urdangarin en Suiza, podemos comprobar que ha habido un cambio. Pese a no haberlo mostrado nunca, el fondo de armario de ambas contiene todos los ingredientes de esta tendencia Old Money, que en España hemos traducido como «lujo silencioso». Se basa en la calidad de las piezas, dando especial protagonismo tanto a los tejidos y materiales como a las siluetas, que adquieren relevancia. Además, siguiendo esa esencia purista, a la par que sobria, los colores también huyen de las estridencias, y los tonos crudos, *nude* y tierra, junto con el eterno dúo blanco y negro, son los absolutos protagonistas.

Las infantas poseen algunas de las piezas más icónicas de las firmas más deseadas. La infanta Elena, por ejemplo, fue a la graduación de Irene Urdangarin con un Saddle de

Dior, uno de los bolsos más emblemáticos de la casa francesa. Este diseño emula una silla de montar, lo que casa además con la conocida afición hípica de la infanta. El ejemplar que llevaba doña Elena colgado del brazo, de color azul, se vende en tiendas por 3.900 euros. No es el único ejemplar del Saddle que ha lucido últimamente: en su más reciente aparición pública dentro de la agenda oficial, lució un Saddle con estampado de flores que tiene desde hace muchos años.

Aunque no es el bolso más exclusivo que hemos podido ver colgado de su brazo. En aquella visita a Ginebra, aparecía con una blusa floreada, un pantalón marrón y collares estilo hippy... sí, y también con una de las piezas más conocidas de la moda; se trata del Kelly de Hermès, un bolso que suele contar con una lista de espera de más de seis meses en las tiendas de medio mundo, dados los tiempos que emplean los artesanos en realizar y coser a mano cada uno de estos codiciados complementos, aunque hay ahora un amplio mercado de segunda mano. Pero si es original y nuevo, cuesta —dependiendo de la piel— a partir de los 10.000 euros.

El Kelly es un bolso mítico de la casa francesa con una historia aristocrática detrás, ya que Grace Kelly lo hizo famoso al taparse su incipiente embarazo con él. Pronto se convirtió en uno de los diseños más deseados de la firma. En la tienda de Hermès de la rue Faubourg Saint Honoré de París hay varios bolsos de este modelo expuestos, pero si uno quiere comprarlo, tiene que «pedir la vez», es decir, apuntarse a una lista de espera. Poco dada a la venta online, este modelo no se comercializa en la web de la firma. Es un bolso muy parecido al que lució la reina Letizia en 2006, cuando era princesa, una pieza que no ha vuelto a mostrar jamás. El diseño, llamado Kelly II Sellier 32, es uno de los más apreciados por los entendidos en moda.

Como lo es el Chanel que ha lucido Irene Urdangarin varias veces. El bolso es el modelo Timeless, pequeño y marrón, y es de la misma línea que el que llevó en su última visita a Barcelona, algo más grande y en color negro. Cada una de estas piezas cuesta casi 9.600 euros, y es uno de los diseños más emblemáticos para las coleccionistas. Su prima Victoria Federica fue la primera de la familia que demostró su gusto por este modelo de la Maison francesa.

La infanta Cristina también ha dado un vuelco a su imagen en los últimos tiempos y en la graduación de su hija parecía que quería hacer una declaración. Con un look clásico y aplaudido por toda la prensa especializada y la internacional, doña Cristina llevaba una camisa de seda blanca, un pantalón *culotte* azul marino, el pelo recogido y un Hermès Garden Party, gris y blanco. Podría pasar desapercibido si no fuera porque es uno de los diseños más clásicos y conocidos de la casa parisina. Cuesta alrededor de 4.000 euros y es difícil de encontrar porque se trata de una edición especial que no está en el catálogo permanente de la firma. Podemos suponer, entonces, que doña Cristina tiene esa pieza en su armario desde hace años, pero no lo ha lucido en público hasta ahora.

Durante los últimos años de actos oficiales, citas y reuniones hemos visto a las infantas con complementos de los que nadie podía saber la marca, porque eran firmas desconocidas. Las hermanas y su madre, la reina Sofía, han sido aficionadas a llevar bolsos de la marca Longchamp, en especial su modelo Le Pliage, un clásico, en todos sus tamaños. De gran calidad y cómodo para viajar, este *confort bag* ronda los 120 euros —según medidas— y se compra en las tiendas de la marca que podemos encontrar también en grandes superficies y aeropuertos.

Durante años ha parecido que era el único capricho que se daban las *royals* españolas. Hasta que ese fin de semana desplegaron su fondo de armario y nos demostraron que siguen las tendencias en cuanto a bolsos y marcas se refiere. La pasarela suiza parecía toda una declaración de intenciones.

Aquellos fueron días felices para la familia. El rey don Juan Carlos llamó a algunos de sus amigos desde casa de la infanta Cristina y el jolgorio que se oía recordaba a los tiempos pasados, cuando las relaciones eran, pese a quien pese, felices.

Volvamos a hablar de Irene y recordemos lo que más preocupa a su madre. La infanta Cristina comentó a los suyos su preocupación por que los estudios de su benjamina habían sufrido un bajón en los meses en los que la crisis matrimonial de sus padres estuvo llenando portadas día sí día también. Hace más de un año, unos amigos de la infanta Cristina le preguntaron a Irene Urdangarin, en presencia de su madre, a qué quería dedicarse. Y ella, resuelta y decidida, mostró su querencia por la moda y las redes sociales, como su prima Victoria Federica. Según comentan a este medio, varios de los presentes rieron. Y le plantearon con una sonrisa «¿No querrás ser *influencer* como tu prima?», a lo que ella contestó con un movimiento de negación. Incluso doña Cristina rio, aunque después intentó aclarar la respuesta con su hija. El rendimiento académico de Irene había sufrido un bajón y la posibilidad de dedicarse a la moda le rondaba por la cabeza. Así lo manifiestan desde el entorno de la madre y de la hija, aunque la primera no estaba demasiado feliz con la posibilidad. Es más, cuando le preguntaron a su hija sobre esa alternativa, una pregunta que le hicieron en confianza y en broma, la infanta se rio, sí, pero después aclaró: «De ninguna manera».

Irene y su prima Victoria de Marichalar son muy amigas y las historias de la primera podrían haber sido una inspiración para la pequeña Urdangarin. Las dos primas se encuentran de vez en cuando en Barcelona. Victoria de Marichalar tiene una pandilla de amigos en la capital catalana, entre los que se encuentra un amigo especial, el motorista Albert Arenas, que también es amigo de Irene. Y es en esos encuentros donde la pequeña de los

Urdangarin ha sido testigo del estilo de vida de su prima. Pero esa idea se disipó rápido, sobre todo cuando Irene retomó con fuerza los estudios y se planteó, en serio, su futuro. Irene optó por sacarse la licenciatura universitaria hostelera, algo que calmó la tensión —mínima— que sentía la infanta ante la incertidumbre por el futuro de su hija.

Y cuando en junio, días antes de la graduación de Irene, los medios se encontraron a Victoria en una fiesta, esta respondió sobre su prima con evasivas, aunque detallando que estaba «encantadísima». Irene Urdangarin decidió, hace ya mucho tiempo, que quería estudiar Bachelor in International Hospitality Management en la École Hôtelière de Lausanne (EHL), la más prestigiosa universidad del sector en el mundo. La joven se preparó con fuerza y alcanzó, tras una cascada de pruebas de acceso, el logro de su vida. Una vida que ha cambiado por completo. Las clases en la universidad, para el primer año, llamado Preparatory Year, empezaron el 20 de septiembre, y los estudiantes debían estar ya en la escuela entre el 12 y el 16. La carrera que ha escogido Irene es larga y al citado primer año preparatorio, de mucha intensidad, se le deben añadir los tres restantes.

Además, la EHL basa su educación en numerosas prácticas, así que la joven Urdangarin deberá seguir su formación en hoteles, restaurantes y negocios hoteleros de todo tipo. Cuando preguntamos en el centro si los alumnos, todos ellos, deben pasar por las tareas de hacer camas, limpiar habitaciones y servir mesas en restaurantes, la respuesta es afirmativa. Así que la nieta de los reyes eméritos, sobrina de Felipe VI, tendrá que servir en restaurantes, atender en la recepción de algún hotel, limpiar habitaciones y hacer camas como todos los estudiantes de esta prestigiosa escuela.

Es evidente, señalan, que esta no es la base de una carrera de dirección hotelera, pero en el centro quieren que los alumnos conozcan desde el principio, partiendo de los niveles más bajos del sector, cómo funciona un mundo difícil y complicado. Una exalumna de esta escuela nos cuenta cómo fue su paso por la universidad: «La verdad es que es muy intenso, pero tampoco es difícil porque, al ser una universidad privada, tan cara, siempre que pagues las cosas van bien… En mi caso, mis padres pagaban un dineral, y me saqué la licenciatura sin problemas. Eso sí, es verdad que hay que trabajar mucho y que es muy duro, porque piensa que el hotelero es un sector que requiere mucha dedicación y ellos te enseñan desde el primer día del curso todos los detalles de este mundo».

Los tres siguientes cursos, ya más especializados, se caracterizan por sus muchas prácticas. Así que, sí, tendrá que hacer camas, servir mesas, estar en recepciones de hoteles, y todo en la vida real, en hoteles de verdad. Personas del círculo familiar se mostraron algo incrédulas al principio: «Nos sorprende que quiera hacer algo así, porque es durísimo, pero si lo ha decidido es porque realmente le gusta y tiene claro que es su futuro».

Con todo, la familia se ha mostrado siempre muy satisfecha de la situación académica de la joven, porque cuando sus padres se separaron a raíz del escándalo de las fotografías de Urdangarin con otra mujer, el expediente de su hija se vio afectado. Irene pasó de ser una estudiante responsable a perder el interés por los estudios, a consecuencia de lo cual sus notas empezaron a bajar. Por ese motivo, la infanta comentó a los suyos que quería permanecer en Ginebra hasta que su hija lograra graduarse, algo que consiguió y celebró con una gran fiesta.

Así que la hija de la infanta Cristina e Iñaki Urdangarin se empleó a fondo para pasar todas las pruebas de acceso a la EHL, que son muchas. No obstante, no supo hasta casi la fecha límite de inscripción que debía presentar en su currículum algo con lo que no contaba: prácticas. En efecto, cuando se le preguntó si tenía experiencia en el sector no hubo respuesta positiva. Así que la familia se tuvo que poner deprisa y corriendo a buscarle un lugar para hacer las prácticas que le franquearían el acceso a la prestigiosa escuela. La joven pudo realizar finalmente esas prácticas en un hotel de Ginebra, donde trabajó durante casi dos semanas. Gracias a la ayuda de la familia y a su propia insistencia, pudo acceder a la ansiada escuela empresarial.

Contábamos en unas líneas anteriores que la infanta Cristina había decidido permanecer en Ginebra para estar junto a su hija. Y es reseñable porque han sido muchas las veces que la hermana de Felipe VI ha comentado a su entorno que tenía ganas de volver a España. Una vuelta que muchos dieron por hecha cuando Irene logró el acceso a la EHL. Pero no será así, no por el momento. Madre e hija han decidido seguir viviendo juntas un tiempo, unos meses, acaso.

Así ha sido, pero por motivos totalmente inesperados. La infanta y su hija habían organizado su tiempo de forma detallada para poder estar juntas y combinar la vida en Ginebra con los estudios en Lausana. Sin embargo, como hemos contado ya muchas veces, la familia, en especial la familia Urdangarin, se mueve a veces por impulsos, y los cambios, lo hemos visto ya, forman parte de su rutina. Quienes trabajan para ellos lo constatan y lo sufren: no pueden hacer planes a largo plazo porque se los pueden modificar en cualquier momento. Y aunque aseguran que trabajar para ellos es muy agradecido porque son amables, educados y cercanos, constituye también un problema para su vida privada, dado que no pueden planificar a largo plazo porque los planes de la infanta cambian sobre la marcha.

Lausana está a unos cuantos kilómetros de Ginebra. En concreto, a poco más de setenta, lo que supone un viaje de unos cincuenta minutos de ida y otros tantos de vuelta, y ambas pretendían seguir viviendo juntas mientras Irene empezaba sus estudios. Pero a última hora, es decir, a finales de verano, la joven comunicó a sus padres que había decidido darle un vuelco total a su vida. Que no quería estudiar, que prefería tomarse un año sabático y pensar bien en su futuro.

Los padres, apoyadores siempre, se lo tomaron como pudieron, aunque en la intimidad comentaban a los suyos el gran disgusto que habían tenido con esta decisión. El cambio fue drástico y sorprendió a todos por los esfuerzos que había puesto la joven en lograr el acceso a la mejor escuela de hostelería del mundo. Un acceso que había llenado de orgullo a su familia, sobre todo tras el impacto que la separación de sus padres tuvo en su expediente. Según fuentes cercanas, su madre se mostró muy preocupada con su entorno directo porque temía que su hija llegara incluso a repetir curso. Por ese motivo, comentó a los suyos que quería permanecer en Ginebra hasta que su hija lograra graduarse en bachillerato y después la carrera.

En estos momentos, la hermana de Felipe VI vive con la incertidumbre del futuro de su hija, que anda algo perdida. En octubre de 2023 se apuntó a un voluntariado de Cruz Roja en Ginebra, ha asistido a algunas sesiones y ha realizado algunos trabajos solidarios. Pero cuando preguntamos si Irene Urdangarin va a realizar viajes de cooperación, desde la familia se muestran dubitativos: «Lo primero que tiene que hacer Irene es saber lo que quiere hacer con su vida, decidir qué estudios quiere seguir, y después ya veremos si se va de viaje de cooperación o no». Su hermano Juan hizo viajes de cooperación porque tenía clarísimo desde el primer momento, dicen las mismas fuentes, que lo suyo eran las Relaciones Internacionales, estudios en los que se especializó con la carrera en Gran Bretaña.

Por ahora, aseguran las citadas fuentes, Irene no ha decidido qué va a estudiar ni qué trabajo quiere desempeñar. Así que no tendría sentido que se fuera de viaje de cooperación sin un objetivo claro. Mientras tanto, tiene que centrarse en sacarse el carnet de conducir y en aprender idiomas. En este sentido, la joven, que habla inglés y francés a la perfección, se ha apuntado a clases de alemán para aprender una lengua que se utiliza en el país en el que habita. El 24 de octubre de 2023, Irene aterrizaba en Madrid para instalarse unas semanas en el palacio de la Zarzuela y tratar de sacarse el carnet de conducir. Era casi una imposición familiar: estudiar algo provechoso, como los idiomas y el permiso de conducción (en Móstoles, como sus hermanos Juan y Miguel), para que este año no sea tiempo perdido.

Irene, con todo, sigue viviendo en Ginebra porque, como dicen desde la familia, «su lugar está junto a su madre, doña Cristina». Hace años que se especula con una posible vuelta a España de la infanta, pero desde su entorno inmediato no se cansan de repetir que no, que en la ciudad suiza vive muy tranquila y feliz, sin que nadie la moleste. Además, hace ya un tiempo se mudó «a una casa, con jardín privado, muy bonita, y no quiere volver a España por el momento». La mayoría de sus hijos viven fuera de España. Todos menos Pablo, que vive en Barcelona, y lo hace muy integrado ahora en la familia de su novia, Johanna Zott, con quien comparte su día a día. Y no solo eso, Pablo cuenta con sus primos Gui, los hijos de Ana Urdangarin, que son grandes aliados y lo ayudan a sentirse en casa. Lo ha dicho él mismo y lo confirman todas las fuentes consultadas. Por todos estos motivos, la infanta Cristina ha encontrado en Ginebra su casa y su refugio.

Allí vive alejada de los focos, sobre todo desde que se mudó a un barrio más moderno y lejos del centro histórico. Todos los medios conocían su antigua casa y aquel portón de madera gigantesco que se abría y cerraba para que entraran los miembros de la familia forma parte ya del imaginario colectivo. Durante el caso Nóos, aquella puerta era un foco mediático frente al que hacían guardia numerosos periodistas españoles y al final esa casa se convirtió en una pesadilla. Por eso la infanta Cristina se mudó. Por eso y porque esperaba a su marido, Iñaki Urdangarin, una vez hubiera salido de la cárcel. Los planes de ambos eran que él volviera a Ginebra, por eso ella nunca se planteó vivir en España por entonces. Disfrutaban pensando en el futuro, en una vida tranquila y estable después de haber atravesado momentos tan duros.

Así que por ahora, doña Cristina no piensa volver a vivir en España. Y eso que tanto ella como su hija Irene son conscientes de que será complicado.

Su futuro está todavía en el aire, en especial sus estudios, y su familia se empeña en que dedique su tiempo a hacer cosas de provecho. Como estudiar para obtener el permiso de conducción. Lo del carnet de conducir de la joven Urdangarin es casi un capítulo aparte. Se instaló en Madrid, en casa de su abuela, esto es, en el palacio de la Zarzuela, desde finales de octubre hasta mediados de noviembre para seguir las clases en una autoescuela madrileña y examinarse después en Móstoles. Pero en su primer intento, el miércoles 8 de noviembre, suspendió. Así que volvió a Ginebra para seguir preparándose desde allí y volvió en diciembre.

Cuando escribimos estas páginas no sabemos todavía si Irene ha logrado sacarse el carnet, pero sí sabemos que sus viajes de cooperación dependen totalmente de tener ese permiso. «No puede viajar al extranjero, a países en vías de desarrollo y empobrecidos, sin carnet de conducir, no puede estar fuera, en lugares remotos, dependiendo de que la lleven o la traigan, es una cuestión de seguridad», dicen desde la familia. Porque la intención de la benjamina de los Urdangarin de Borbón, al cierre de este libro, era irse de cooperante a Camboya, como hizo su hermano Juan.

El mayor se fue a Asia de la mano de la Fundación Sauce, creada por el jesuita Enrique Figaredo, que sigue dirigiendo la organización. Figaredo es amigo de la familia, que siempre ha estado muy unida a esta ONG, la misma que debe facilitar a Irene la experiencia como voluntaria. Una experiencia que, si todo va según lo planeado —carnet de conducir incluido—, debería estar llevándose a cabo cuando lean estas líneas. Porque la intención de Irene Urdangarin es la de viajar a Camboya a mediados de enero. Y después, a su regreso, ya decidirá lo que hace con su vida. «Es como los jóvenes de hoy en día, necesita apoyo y ayuda para no perderse», señalan las fuentes de la familia.

Los sobrinos y su relación con el rey

No se sabe quién fue el patoso aquel día. Muchos señalaron a Iñaki Urdangarin por tensar demasiado la cuerda; otros al entonces príncipe Felipe por darle más peso a la Corona que a la familia. Aquellos días no sabíamos hasta dónde iba a llegar el compromiso de Felipe de Borbón para salvaguardar el trono y la herencia de su hija. Ahora que lo sabemos, aquel día se antoja todavía más patoso para todos. Veamos.

Corría enero de 2013, una fecha que ha quedado grabada en el imaginario de la familia Urdangarin para siempre. Iñaki Urdangarin, ya imputado y con su residencia fijada en Ginebra con toda la familia, viajaba a menudo a Barcelona para reunirse con su abogado o para pasar unos días con amigos y familia. Una de esas visitas la hizo con sus hijos, y aprovechó el viaje para asistir a la final del Campeonato del Mundo de Balonmano que se celebraba en España y en la que el país anfitrión se enfrentaba a Dinamarca.

Por parte nórdica asistía la princesa Mary Donaldson, por parte íbera, sería el príncipe quien presidiría el acto. Y a Urdangarin, todavía duque de Palma, no se le ocurrió otra cosa que plantarse en las gradas del Palau Sant Jordi con sus cuatro hijos para presenciar la final. Acaso pensó que no era para tanto y que, aunque no tuviera ya relación con su cuñado, al menos el príncipe saludaría a sus sobrinos. Craso error.

Don Felipe y su cuñado coincidieron durante esa final y, pese a la alegría que supuso que España se impusiera 35-19 a Dinamarca y se alzara con la Copa, la tensión que generaba la distancia que los separaba se podía cortar con un cuchillo.

El entonces príncipe presenció el partido desde el palco junto a la princesa de Dinamarca y el todavía duque de Palma siguió a la selección española, de la que él había sido uno de los símbolos, en primera fila junto a sus hijos. Juan, Pablo, Miguel e Irene gruñían y aplaudían a cada gesto de los jugadores, ajenos a que su tío estaba allí. Pero las fotografías captaron ese desencuentro familiar. Don Felipe marcó tal distancia en todo momento con su cuñado que lo ignoró incluso cuando bajó a la pista a entregar la Copa; también pasó de sus sobrinos, aunque estos saludaban enérgicamente desde aquellos asientos en primera fila.

El duque acababa de ser excluido de la web de la Casa Real y no estaba el horno para bollos. De ninguna manera. La Casa Real había eliminado días antes la pestaña a través de la cual se podía acceder a su biografía. Ese borrado digital coincidía con la publicación por parte de algunos medios de correos electrónicos del duque que le comprometían desde lo social hasta lo familiar (sí, aquellos en los que firmaba, por ejemplo, como duque em... palmado). Esa misma semana, además, el juez instructor del caso Nóos, José Castro, lo volvía a citar para declarar el 23 de febrero.

En la Nochebuena anterior se celebró una cena con la familia real al completo, la última en la que participaron los entonces duques de Palma con sus hijos. Parecía que se intentaba normalizar la situación, pero nada más lejos de la realidad: la relación terminaba y era, por el momento, para siempre.

En verano de 2023, el último del que tenemos cuenta, la tensión volvió a hacer acto de presencia en la familia. A finales de junio, tanto la infanta Elena como la infanta Cristina anunciaban a los suyos que iban a viajar a Palma de Mallorca la primera semana de agosto para estar unos días con su madre, la reina Sofía, en el palacio de Marivent. Iban a coincidir, además, con los reyes y sus hijas, en cuya agenda se incluía una estancia en Palma que coincidiría con la celebración de la Copa del Rey de Vela. Pero algo sucedió, y las infantas cancelaron sus planes a última hora. Tal como nos cuentan desde el seno de la familia, se produjo, de nuevo, un pulso entre los hermanos. El verano anterior, tal como informaba la periodista

Ángela Mora, el rey y la infanta Cristina se habían encontrado en el palacio de Marivent y, aunque fue por unos pocos minutos, la tensión del primer momento dio paso a un ambiente algo más amable. Por eso, y porque doña Cristina está a punto de divorciarse de Iñaki Urdangarin (puede que cuando lean estos ya hayan firmado), pensaron que estas vacaciones ya podían volver a estar juntos. Con lo que no contaban es con la oposición tajante de la reina Letizia, salvaguarda de la monarquía, garante del futuro de su hija en el trono. La reina acordó pues, con el rey, que sus hijas debían mantenerse lejos de todos los miembros de su familia que protagonizan en la prensa conflictos, escándalos o, simplemente, artículos de moda. Y así fue.

Cuando preguntamos, para apuntillar este libro con alguna información de última hora susceptible de ser perdurable en el tiempo, nos informan claramente: pese a que hay uniones intocables, hablamos de una familia rota. Y el ejemplo más evidente está en la figura más potente de esa familia. Así nos lo hacen saber: el rey Juan Carlos I hace tres años que no sabe nada de sus nietas Leonor y Sofía, ni una llamada, ni un mensaje, ni una foto privada. Cuando la princesa Leonor ingresó en la Academia Militar de Zaragoza en agosto de 2023 para empezar su formación en el ejército, hubo medios que aseguraron que había recibido una llamada de su abuelo para darle consejos y animarla a continuar por el buen camino que siempre ha seguido. Nada de eso es cierto. No ha habido contacto de ningún tipo entre don Juan Carlos, exrey de España, y su nieta, la heredera al trono. Pueden imaginar que con la actual reina, tampoco.

Cuando la princesa Leonor ha tomado protagonismo, desde la Casa Real han decidido que esa familia rota debe mostrarse unida en público. Un poco, al menos. A finales de septiembre de 2023, una nota de la agencia EFE informaba de que al cumplir la mayoría de edad, la princesa juraría la Constitución en las Cortes y que, además, se había organizado una celebración familiar en El Pardo en la que se esperaba la asistencia de toda la familia paterna. Toda, desde el rey expatriado hasta las hermanas de Felipe VI y sus hijos. La noticia cayó como una bomba en la familia, que aseguraba no saber nada de esa fiesta. Pasaban las semanas y los medios daban por hecho que la celebración de El Pardo sería la gran reunión familiar, pero cuando preguntábamos a esa parte de la familia, a la que podríamos bautizar como los «díscolos», mostraban su malestar porque no habían recibido invitación alguna. «Si hay que ir —decían—, se va».

Las dos hermanas, las infantas Elena y Cristina, suspendieron sus agendas para la semana del 31 de octubre a la espera de que alguien les comunicara algo, por poco que fuera, sobre la fiesta. «A día de hoy no hay nada», no se cansaban de repetir. Hasta que pocos días antes, la Casa Real enviaba las invitaciones y la familia se daba entonces, y solo entonces, por aludida. Todos habían sentido una presión mediática intensa durante las semanas previas a la celebración y su presencia se puso en duda por muchos, porque ellos mismos negaban la mayor. Incluso el rey Juan Carlos se había quejado a sus íntimos porque nadie le había comunicado, ni oficial ni extraoficialmente, detalle alguno sobre la fiesta, hasta que desde la Casa Real se hizo público que se habían mandado las invitaciones.

Aunque se enviaron con el tiempo tan justo que muchos de los miembros de la familia del rey no pudieron asistir. Es el caso de Victoria de Marichalar, que había planeado un viaje por su cuenta, englobado dentro de su carrera de *influencer*, y decidió proseguir con ese plan y no acudir a la fiesta de su prima. Tan al límite fue la celebración que ni siquiera don Juan Carlos I tuvo claro que iría hasta dos días antes. El enfrentamiento entre padre e hijo es evidente y (casi) nadie lo pone en duda, solo desde la Casa Real tratan de rebajar la tensión y aseguran que la relación de todos los Borbón es fantástica. «Es evidente que no —señalan fuentes de la familia "díscola"—, pero las obligaciones y el respeto a la institución están por encima de todo. A nadie le cabe en la cabeza que las infantas Elena y Cristina no vayan a la fiesta de la heredera si les llega una invitación oficial, aunque la relación con su hermano, el Rey, sea mala, por no decir inexistente».

Vemos entonces que por muy normal que quieran que sean sus vidas, ni los dos hijos de la infanta Elena ni los cuatro hijos de la infanta Cristina lo van a tener fácil.

Los Marichalar y los Urdangarin, grandes de España, deberán caminar el resto de sus días con el peso de ser los sobrinos del actual rey de España, los nietos del anterior jefe de Estado. Y pese a que sus pasos son cada vez más adultos y libres, jamás podrán abstraerse de ser quienes son.